U0437774

不焦虑的养育

成长有规律，养娃不慌张

张昕 夏白鹿 著

中信出版集团｜北京

图书在版编目（CIP）数据

不焦虑的养育 / 张昕，夏白鹿著 . -- 北京：中信出版社，2025. 1. -- ISBN 978-7-5217-7172-5

I. G782

中国国家版本馆 CIP 数据核字第 2024B78S61 号

不焦虑的养育

著者： 张昕　夏白鹿
出版发行：中信出版集团股份有限公司
（北京市朝阳区东三环北路 27 号嘉铭中心　邮编　100020）
承印者：　北京通州皇家印刷厂

开本：880mm×1230mm 1/32　印张：9.25　字数：192 千字
版次：2025 年 1 月第 1 版　　印次：2025 年 1 月第 1 次印刷
书号：ISBN 978-7-5217-7172-5
定价：59.00 元

版权所有·侵权必究
如有印刷、装订问题，本公司负责调换。
服务热线：400-600-8099
投稿邮箱：author@citicpub.com

目录

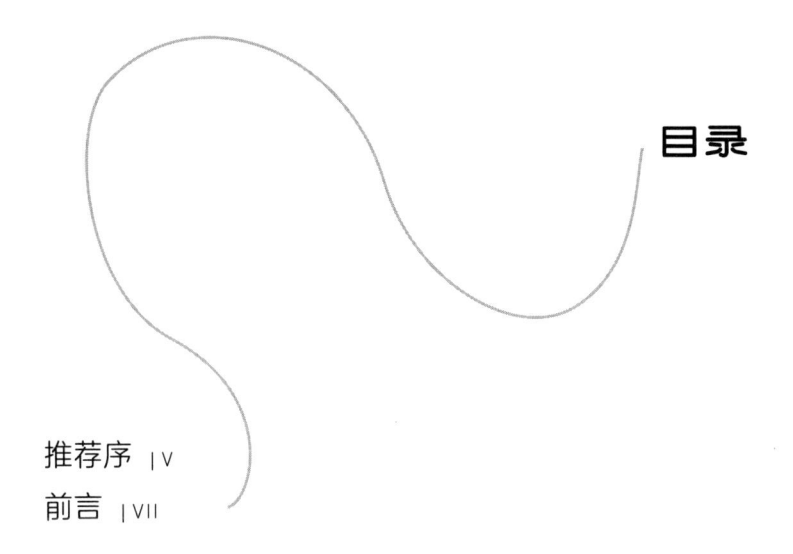

推荐序 | V
前言 | VII

第一部分
爱与约束：
找到家庭教育的平衡点

儿童依恋关系的类型 | 003

原生家庭的养育方式对人格有哪些影响？ | 008

父母的陪伴塑造健康的依恋关系类型 | 016

如何做到高质量的亲子陪伴 | 022

孩子为什么会沉迷于电子产品 | 025

电子产品并不是洪水猛兽 | 029

二胎矛盾："爱我的话为什么要生妹妹？" | 036

二胎家庭中一碗水端平的艺术 | 044

多孩家庭的父母如何照顾所有孩子的情绪 | 050

"表达性书写"是一种有效的亲子沟通 | 056

惩罚本身并不是目的 | 061

管教是为了引导孩子敬畏规则 | 068

孩子只吃西瓜心和草莓尖并不是自私霸道 | 073

避免情绪对峙,正确引导孩子的是非观 | 078

孩子"打爸爸"是欠教育吗? | 085

第二部分

如其所是:
尊重孩子的个体差异与成长规律

学会甄别智力开发课的有效性 | 093

如何识别不靠谱的"心理"课 | 099

警惕成为被贩卖焦虑的对象 | 103

"强迫""刻板""重复"等行为不一定是孤独症 | 109

对低龄儿童不宜过度进行超前教育 | 116

低龄儿童不会"5"以上的加减法很正常 | 123

孩子到一定年龄才发展出减法思维 | 130

如何从"满心只爱玩泥巴"到"唯有学习让我快乐" |135

"超前教育"不可取,"落后教育"也不对 |139

耐心帮孩子找到适合自身的学习方法 |143

"说教"为什么对小孩子不起作用? |148

5岁孩子动作慢,没有时间观念,是个大问题吗? |154

父母的协助是孩子成长的"脚手架" |161

第三部分
成为自我:
成长的终极目标

把生活的参与权交还给孩子 |169

父母需要"懒"一点 |175

如何帮孩子克服学习上的退缩感 |180

如何帮孩子克服"怕输"心理 |185

"勤奋感"和"自卑感"需要平衡 |189

孩子对"自我同一性"的探索是成长的过程 |194

给孩子独处的空间和时间 |199

孩子越大越不"听话"是一种自然现象 |202

孩子面对挫折时的铠甲,是父母的爱给的 |211

"不爱学习"可能只是成长困境的表象 | 216

如何对孩子进行死亡教育 | 221

第四部分
放下焦虑：做父母是一辈子的修行

你是哪种类型的父母？ | 227

只会说"好话"的家长不是好家长 | 233

妈妈不是超人 | 238

好爸爸是家庭"润滑剂" | 244

对孩子的吵闹没有耐心并非不称职 | 247

集体焦虑的家长，如何不被压垮？ | 252

父母离婚对孩子影响大吗？ | 258

家长得了时代病，却让孩子吃药 | 263

家长的错觉：孩子不及我当年 | 267

很多问题是父母自己想出来的 | 271

拒绝做"玻璃心"父母 | 275

我们想教出什么样的下一代 | 282

推荐序

儿童的存在是被发现的

苏彦捷

北京大学心理与认知科学学院教授、中国心理学会理事长

"望子成龙""望女成凤"自古以来都是父母们的朴素愿望。现在,很多家庭可能只养育一两个孩子,父母对孩子的教育都非常上心,希望自己能够更新育儿理念(比如打开这本书的你),做到科学育儿,培养好下一代。身处信息时代,只要打开手机,每个人都可以接收大量的"育儿知识",但是这些信息太多又太碎片化。我们好像可以从中学到很多育儿知识,但又好像很难把这些知识运用到生活场景里,或者说这些知识的运用和我们的预期时有偏差,甚至会出现背离的情况。这就好像在印证那句话:"懂得很多道理,依然过不好这一生。"

父母对教育的重视,信息的碎片化,再加上生活节奏快、工作压力大等,在各种因素的推波助澜下,现在家长的焦虑尤为突出。

除此之外，我认为还有一个很重要的因素是，家长对儿童发展规律的了解和理解有限。家长们面对陌生和没有经验的模糊场景，自然容易焦虑。

其实，在以往一段漫长的历史中，人类都没有儿童的概念。大家认为孩子就是缩小版的大人，比如，我们看中世纪的画像，会发现当时的孩子都是穿大人的衣服。

儿童的存在是被发现的。因为有了儿童的概念，才有了和儿童发展相关的问题，后来才慢慢出现了儿童发展心理学。通过这门学科，人们才发现原来孩子的认知、学习方式等，和成年人都是截然不同的。所以，强烈推荐发展心理学这门学科，建议父母们都学习一些发展心理学的知识，更加了解孩子的成长规律，由此减少焦虑，腾出更多的精力来支持孩子的发展。

在这里，非常高兴向大家推荐这本《不焦虑的养育》，这是我的同事张昕和他的夫人夏白鹿共同创作的。书中，两位作者用大量的真实案例和常见的生活场景，向大家介绍了孩子在成长过程中可能会碰到的问题，有认知方面的（如学习记忆、问题解决、智力等方面），也有个性（或者叫人格）和社会化方面的。并且，他们给出了这些问题背后的心理学解释和相关的心理学研究理论，这可以帮助你更好地理解孩子，从而更从容地养育孩子。

打开这本书，相信你会有所收获。也祝你找到适合自己的家庭教育方法。

前　言

　　这本书不是教你怎么"育儿"的，而是教你怎么"育己"的；是告诉你如何成为平和的、不焦虑的父母，而不是说如何能教出"天才"的、"成功"的孩子。

　　书中举的很多我们自己亲子互动的例子，并不是在告诉读者我们做得有多好、多完美，也不是说我的孩子有多好、多完美，更不是说家长就应该"像我们这样育儿"才对；而是说亲子生活中很多的不好、不完美，从儿童发展心理学的角度来看都是非常正常的现象。

　　信息时代，我们接收到的信息太过繁杂，令人眼花缭乱。而接收了太多繁杂的信息之后，我们很容易被他人贩卖的焦虑影响，孩子有什么地方和书上、网上说的不一样，就忍不住怀疑孩子是否"不正常""不孝顺""不聪明"。

　　事实上，没有任何一本书值得家长奉为圭臬，也没有任何一个专家的话是不可变通的真理。不管奉行怎样的育儿理念，家长首先都应该去了解自己的孩子，然后因应自己孩子的特点去选择适合他的养育方式；而非用某一种育儿理念去改造自己的孩子，教条地将自己的孩子往某个理论上生搬硬套，如果套不上，就焦虑、紧张，结果影响甚至深深伤害亲子之间的关系。

父母和孩子可能只是相伴着走过一段有限的岁月。能够和孩子一起平和地度过这段岁月，让孩子在未来的漫漫人生路中能一直有底气，坚定地相信自己是被爱的、被支持的，才是为人父母最重要的课题。

第一部分

爱与约束:
找到家庭教育的平衡点

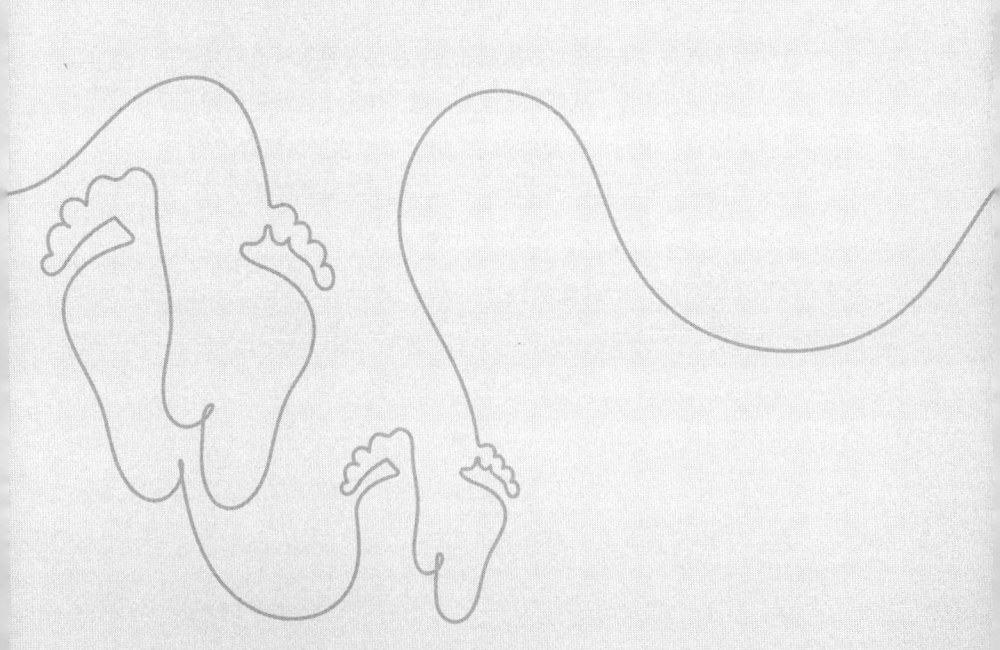

在信息爆炸的当下，家长很容易获得非常多育儿心理学的信息，也容易陷入以偏概全或者套用概念的误区，从而迷失方向。在养育过程中，如何给足孩子爱的陪伴，如何引导与惩戒孩子，这两个话题仿佛是矛盾的。似乎要给孩子足够的爱就要放弃惩戒，而惩戒就是无条件接纳的对立面。本部分内容结合玛丽·安斯沃斯的依恋关系类型等心理学理论，阐述了依恋关系、平等关系、权威关系、奖惩关系等家庭养育中不同的关系类型，从认知层面剖析孩子成长过程中常见的沉迷、拖延、退行、自我中心等问题，并提供了高质量陪伴、父母引导、奖励与惩罚等互动措施，帮助家长摆脱焦虑。

儿童依恋关系的类型

有一段时间网络上盛传着一张图(见图1),号称是美国联邦调查局的一项经典实验,看你能不能根据图片所示分析出谁是孩子的妈妈。这张图的大致信息是,房间里有两名女士面对面地坐在两侧的椅子上,她们的中间有一个小孩跪坐在地上玩耍,地面上摆放着皮球、小熊等玩具。

网上所谓的分析答案看起来头头是道,令人眼花缭乱。

有人认为左边的女士是孩子的妈妈,依据是:左边女士面向孩子便于观察;脚是往里收的,以便腾出更多空间让孩子玩耍,且方便随时站起来照顾孩子;面对着门便于随时观察外来危险(门在房间右侧)。

也有人认为右边的女士是孩子的妈妈,依据是:右边女士头发盘起来不容易被孩子揪扯（这一点听起来倒是挺有生活经验的）；脚在椅子外，方便随时站立；离门近可以随时察觉外来危险。

图1 "谁是孩子的妈妈？"

（资料来源：https://www.crowe-associates.co.uk/psychotherapy/attachment-theory）

还有从孩子的角度进行分析的，说孩子背对着的肯定不是妈妈。（其实有必要说明的是，在健康的亲子关系中，如果孩子对父母建立了充分的信任，孩子是可以放心地将后脑勺和后背交给父母的。）

那到底谁才是孩子的妈妈呢？毕竟，从各方论据来看，其实不管脚在椅子外面还是椅子里面，都可以随时站立起来；不管离门近还是远，都可以觉察到外来危险。光从这些所谓的"细节"来看，好像哪一点都可以强行解释出来一些"内涵"。

实际上，这个实验并不是用来测试"谁是妈妈"的，也和美国联邦调查局没有任何关系，它是发展心理学中著名的"陌生情境测试"，由美国心理学家安斯沃斯设计。图1中，左边女士是孩子的妈妈，右边是陌生人。但是，这个实验的真正目的，是通过测量婴儿在与母亲分离时的不同表现，来评定儿童与母亲的依恋关系的类型。

该实验的几个经典步骤如下：

1. 母亲带着孩子来到实验室玩耍；
2. 孩子在陌生环境中玩耍，母亲不参与，观察婴儿的探索行为；
3. 一名"友好但陌生"的成人加入，与母亲互动并接近婴儿；
4. （第一次分离）母亲悄悄离开，陌生人与婴儿相处，观察婴儿反应；
5. （第一次重聚）母亲回来并予以安慰，陌生人离开，观察婴儿反应；
6. （第二次分离）母亲离开，婴儿独处，观察其反应；
7. 陌生人单独进来，观察婴儿反应；
8. （第二次重聚）母亲再进来，陌生人再离开，观察婴儿反应。

根据这些场景中婴儿的不同反应，安斯沃斯将婴儿对养育者（通常为母亲）的依恋关系分为三种类型。

安全型。具体表现为，母亲在场时，孩子不黏着母亲，开心自由地玩玩具、探索周围环境，同时也会和旁边的陌生人正常互动；母亲离开后，开始感到伤心害怕，焦虑不安；但母亲回来并且对他进行安抚后，他又能很快地平静下来，继续投入游戏。

回避型。具体表现为，母亲在场时，孩子会回避或忽略母亲；母亲离开时，他也并没有表现出紧张或忧伤的样子；母亲回来后，孩子既没有生气，也没有高兴，基本上没什么明显的情绪反应。

焦虑矛盾型。具体表现为，母亲在场时，孩子就已表现出焦虑不安，喜欢黏着母亲，非常担心母亲会离开；母亲真的离开之后，他更加苦恼伤心，无法接受，哭闹不安；母亲回来时，孩子则表现出愤怒、抗拒、渴望与矛盾，一方面寻求与母亲的亲近，另一方面又无法原谅母亲刚才的离开，很难安抚。

还有极少数个例不属于以上三种，被后来的研究者定义为"破裂型"，常出现在被虐待的儿童身上。

如果家中有1~2岁的小朋友，可以试着测一测。

当然，一方面依恋关系有先天因素的影响。比如有的婴儿天生就是敏感的"高需求宝宝"，非常没有安全感，要时时刻刻黏着妈妈，就连妈妈去上厕所也要跟着（有的妈妈发现自己的宝宝属于焦虑矛盾型就会很自责，觉得"是不是自己哪里没做到位"。其实也不一定，因为个体之间存在差异，有的孩子天生就比较敏感）；而有的婴儿亲密需求则没有这么旺盛，只要吃饱喝足，自己一个人待着就可以，也就是大家所说的比较好带的"天使宝宝"。

另一方面，除了先天性格的影响，照料者不当的养育方式也会产生影响。比如0~6岁期间父母长期不在孩子身边，或者即使在身边也是长期打骂和贬低孩子，又或者父母对孩子情感冷漠、疏远，等等，也可能会导致孩子出现后面这两种不健康的依恋风格（回避型和焦虑矛盾型），在很多留守儿童身上就会发现这样的情况。

而即便是天生焦虑敏感的"高需求宝宝"，如果能在养育者的良好互动、亲密回应，以及无条件的积极关注和爱中成长，那么他在成年后也更容易形成比较健康的人格，变得更有安全感、更自信。

总的来说，0~2岁是婴儿对父母建立信任感最关键的时期，这个时候需要父母和孩子进行亲密的互动；2~3岁时，孩子逐步进入分离焦虑期，可能会非常依赖爸爸或妈妈，这个阶段父母尽量不要和孩子分开。3~6岁时，孩子已经开始建立自我意识了，可以和父母短时间分开（一周甚至一个月，具体时长因人而异，关键是孩子知道爸爸妈妈只是暂时离开，他们肯定会回来的），但是不建议长期分离。比如留守儿童与父母一年见一次，肯定对身心健康不利，会让孩子产生被抛弃的感觉。

研究婴儿依恋关系的意义何在呢？依恋学说理论的开山鼻祖、英国精神分析师鲍尔比认为，通过对母亲的依恋，婴儿可以获得安全感，这有助其人格、社会性的发展，甚至影响着他们一生的亲密关系走向，其中最典型的就是与伴侣的亲密关系。

原生家庭的养育方式对人格有哪些影响？

你了解"原生家庭"的概念吗？是相信"原生家庭是我逃不出的宿命"，还是认为"原生家庭理论都是胡说八道"？关于原生家庭对人格的影响，我们到底应该怎么理解？

··原生家庭对个体人格发展的重要性
　　心理学上常说的"大五人格"，包括五种人格维度，即开放性、责任心、外向性、宜人性以及神经质。但其所讨论的只是狭义上的人格定义，而公众讨论的"人格"，其实是广义的定义，其衡量的维度和分类都要复杂和庞大得多。除了大五人格中所包含的几种人格维度，广义的"人格"还包括一个人的言行举止风格、亲密关系模式、情感意志、心理特征等。

原生家庭对个人的成长重要吗？至少在发展心理学领域，我能够列举出一些实证研究的结果来证明，原生家庭对人格的影响真的很重要。原生家庭理论是一个比较新的概念，并不是传统心理学中的专业术语，在主流心理学教科书中可能查找不到"原生家庭"这个词。但其实主流学科中的很多研究，比如母子依恋关系的类型、父母养育方式、亲子间的亲密关系等，其实就是和"原生家庭"相关的理论。

比方说安斯沃斯的依恋关系类型测试，就是原生家庭会对儿童人格发展产生影响的一个直接证据。该理论认为，回避型依恋和焦虑矛盾型依恋的儿童，长大后的行为问题和性格问题可能要比安全型依恋的孩子多。

依恋关系类型除了可以用来预测孩子一系列的行为模式，还会延续到成年后的人格和亲密关系中。一个人和其伴侣、亲人间的亲密关系，往往会和幼年时形成的依恋关系类型高度一致；甚至当有了孩子后，与孩子的依恋关系类型也会和自己儿时保持一致。

回避型依恋

幼年时依恋关系类型为回避型的儿童，长大之后和伴侣的相处模式可能也是如此——不喜欢经常待在一起，不喜欢对方过多地参与自己的生活。情侣之间正常的关心、示好以及亲昵，在他们看来可能都是令人窒息的负担。

这种依恋关系类型发展到极致，会出现一种叫作"性单恋"的情况，特指"我只喜欢不喜欢我的人，一旦我喜欢的人也开始喜欢我，我就会立马不再喜欢他，对他产生厌恶、排斥甚至恶心的感觉"。

一般来说，友谊和爱情往往都要求是互惠的，但"性单恋"恰恰相反。"性单恋"不要求互惠，甚至互惠元素的出现会导致爱恋的消失。这一般是由于童年时期父母缺席，或者是缺乏父母关爱，形成了不安全依恋模式，并延伸到了成年时期。"性单恋"是回避型依恋的一种，"回避"就是性单恋者的防御措施。他们不知道该如何发展一段亲密关系，不知道该如何回应别人的爱，也不想欠人情，所以不如在想象中单方面地享受亲密关系，可以说是被困在了单恋之中。

焦虑矛盾型依恋

焦虑矛盾型的儿童恰恰与回避型的相反，这类人成年后则想要时刻和伴侣黏在一起，然而这也无法让他们感到安心。刚刚进入热恋期的时候，焦虑矛盾型的伴侣往往令人感觉甜蜜、很恩爱，但是时间久了，激情褪去后，又会让伴侣感到压抑。因为他们不愿意留给对方足够的私人空间，时时惶恐会失去对方，所以需要随时都能确定对方还爱着自己，还会留在自己身边；当对方离开时，他们会无比苦恼、焦虑，整日胡思乱想，即使对方回来陪在身边，也不能消除他们内心深处的不安、焦虑和恐惧。

焦虑矛盾型依恋的人在情感关系中，可能会通过各种"作"的方式来增加自己内心的确定感和控制感，比如发信息要对方立刻回复，出去玩要发朋友圈，时常质疑伴侣对自己的爱，等等。

这一类人在感情中期待与人建立亲密的关系，但又害怕对方并不在乎自己。他们很渴望得到伴侣的爱和赞赏，如果不能得到伴侣明显的关注和欣赏，就会在情感上感到空白或者有缺失，由此触发强烈的不安全感警报；同时他们又对伴侣有着强烈的情感依赖和渴求，会做出许多努力来吸引伴侣的注意力，激发伴侣对自己的爱意。由于过度依赖亲密关系，却不信己又不信他人，他们往往会对一些不好的信息进行过度解读，因此变得更加不安与多疑，常常处在与现实情况明显不符的焦虑之中，比如对方可能只是半个小时没有回复信息，他们就会猜测对方是不是不爱自己了。

·· 原生家庭的影响主要在于基因遗传还是养育模式？

2001 年，在期刊《儿童发展》（*Child Development*）上，心理学家奥康纳和克罗夫特发表了一项实验研究结果。他们用 220 对平均年龄 3 岁半的双生子做实验，考察了基因和环境因素（包括共享环境与非共享环境）对儿童依恋风格的影响。

结果显示：（1）基因和环境因素都可能对儿童的依恋关系类型产生影响；（2）同卵双生子和异卵双生子的依恋关系类型一致性相当（都在 70% 左右），即不管是同卵还是异卵，双生子的依恋风格一致的概率都约为 70%。可见环境的影响更重要（至少在婴儿阶段如此）。

对实验数据进行统计学分析发现，其中，遗传因素的数值小，在统计学上不显著，可见遗传因素的影响作用没有那么大。共享环境的数值比非共享环境的数值小，但二者在统计学上均为显著。

由此可见，共享环境（也就是所谓的"原生家庭"）的影响虽然不及非共享环境（比如社会环境）的影响大，但也是非常重要的影响因素。

瑞典的一项针对青少年攻击性的双生子研究则发现，对男孩来说，当原生家庭的社会经济地位较高时，他们的基因与其行为的攻击性关联更大；但如果他们的家庭处于较低的社会经济地位，则家庭因素与其行为的攻击性关联更大。

个体间攻击性的差异到底受哪个因素的影响更大，并没有一刀切的答案，而是取决于基因、性别、家庭情况、种族构成、地区犯罪率等复杂因素的共同作用。

综上，原生家庭对人格的形成确实有着重要影响。

·· 我们可以努力摆脱原生家庭的负面影响

糟糕的原生家庭环境一定是人生的一道坎儿，但好消息是这道坎儿并非不可跨越。你有能力摆脱原生家庭的负面影响，决定自己的人生。

一个人随着阅历增长、经济独立和人格独立，只要他想，其实就能够逐步摆脱曾经的糟糕环境对自己的影响。

有人提出"原生家庭理论都是胡说八道"，拒绝将人生困境归因于家庭养育方式。这一观点虽然片面，但考虑到如今原生家庭理论被滥用和污名化，从而发展出了"原生家庭让我毁灭""原生家庭创伤不可逆转""我的不幸都是因为父母"类似的原生家庭宿命论，它又在相当程度上具备积极意义。

其实，原生家庭理论最初经常被用于临床咨询中，因为在临床案例中,多数情况是来访者(即接受心理咨询的人)遭遇了极大的家庭创伤。这种情境下,咨询师共情来访者,感知对方的创伤是非常重要的步骤。比如,一个抑郁症患者对自己有一种不合理的过度轻视,觉得"我什么都做不好,就是个废人,不如死了算了",这个时候咨询师肯定不会附和对方说:"没错,你确实是。"他会用认知行为疗法来纠正来访者的错误认知——"其实这不全怪你,你的成长环境要负很大的责任,你的父母对你缺乏积极关注",等等,这就显示出原生家庭理论的重要意义了。但注意,这是对有心理问题的患者而言,因为他们本身已经过度低自尊了,所以有必要告诉他们"这不能全怪你"。

而对大多数情况没那么糟糕的人来说,"原生家庭宿命论"也有可能是一种归因偏差——"好的事情发生了,是我的个人努力达成的;坏的事情发生了,是父母的错"。正因为此类观点有相当的市场,原生家庭理论才被滥用了,比如"毁了孩子一生,只因家长说了这句话""父母一个举动,竟让孩子疯了""父母有多爱孩子,只看这一点就够了"等热点话题的出现。这一类偏激的论调,既不科学也不合常理,但在向父母贩卖焦虑,或是帮助子女归咎父母方面,却很奏效。

如果因为一句话孩子就被毁了,只能说明亲子关系本身就濒临崩溃,这一句话只是导火索而已,真正的问题往往是积重难返。而身处健康的亲子关系中的家庭成员,不会每句话都照着教科书念,更不会因为一句话就因爱生恨。比如,关系好的父母和子女其实可以互相开玩笑,甚至有时候互"损"也是一种轻松愉快的调侃。但是被父母伤害过的人,会觉得哪怕是别人的父母对子女开玩笑也是不可接受的,是一种霸凌。这可以理解,他们其实是在别人的故事里投射自己的创伤体验和愤怒情绪。

这里有必要说明的是,育儿是一个庞大的系统工作,绝不可能因为一句话、一个举动,就毁了谁的一生;"毁掉"一定是长期错误的养育模式导致的。

很多家长朋友经常会跟我倾诉自身的焦虑:"我说了一句糟糕的话,会不会给孩子留下心理阴影啊?"首先,孩子没有那么脆弱,也不该被过度保护;其次,能自我反思的家长,一般不会差到哪里去。

·· 家长到底怎么做,才是对孩子好?

心理学界有一个说法我深以为然:环境基因匹配度。意思是说,个体的行为塑造涉及的因素太多、太复杂,各个因素之间还存在互相的影响,所以不能单纯地判定哪种做法好或不好,而是要看个体的基因与其所处的环境是否适配。

20世纪70年代,美国儿童心理学家托马斯和切斯就提出,当儿童的特质(基因)与环境的要求、预期相匹配时,儿童能得到最大程度的发展;一旦基因与环境的匹配度较差,儿童的发展则可能受阻。

比如,先天比较有攻击性的孩子一定教不好吗?对这类儿童的养育方式是粗放一点好还是敏感一点好?这并没有标准答案。2007年,贝克曼斯-克拉嫩堡(Bakermans-Kranenburg)和艾森道(IJzendoorn)发表的一篇文章显示,即使是先天带有7段以上

DRD4基因（该基因段和攻击性有关）的儿童，如果其母亲属于敏感型的养育者，孩子的攻击性反而会低一些。因为敏感的母亲能够及时察觉和满足孩子的需求，这能够消解和释放孩子的部分攻击性。

再比如，父母对子女应该声色俱厉、严加管教，还是循循善诱？这也需要具体问题具体分析。对于自我要求高而且心思敏感的孩子，过分严厉可能会对孩子的心理造成伤害，对性格塑造产生不良影响；对于不太敏感的孩子，父母批评几句可能也无伤大雅；对于大大咧咧且不自律的孩子，严加管教简直很有必要。

所以，教育孩子到底是该严格还是给予爱与自由，结论也因人而异。这其实就是老祖宗强调的"因材施教"。

当然，如果面对真正受到过家庭创伤的人，旁观者一味地说"天下无不是的父母""不要总把责任推卸给父母"，就有点站着说话不腰疼了。但是选择不原谅父母的人，也依然可以心怀希望，依然可以摆脱糟糕的原生家庭带来的负面影响，过好自己的人生。"不原谅"与"过好自己的人生"，并不矛盾。

不管是哪种情况，当你开始正视原生家庭的问题，那么"心理问题"的治愈之路其实已经开启了。

父母的陪伴塑造健康的依恋关系类型

关于亲子关系对孩子身心塑造的重要性，大家都有一定的了解，如长期与父母分离的儿童（如留守儿童），更容易产生情绪和行为的问题。因此经常有人来问我："很多职场妈妈，因为现实所迫，实在是无法给予孩子那么多的陪伴，这会有严重的后果吗？"

曾经有一位职场妈妈焦急地向我求助："单位要安排我去外地工作半年，这段时间只能一个月回家一趟。请问这样会给年幼的女儿造成多大的心理阴影？会不会影响她一辈子的性格？"

职场妈妈真的很不容易。情感专家建议女性要独立，要有自己的事业，不能为了家庭放弃职业生涯；而教育专家倡导女性要亲自陪伴孩子，不能长时间离开孩子，否则会影响孩子的性格发展。

但事实上，这个世界本没有"两全法"，那父母要怎么办呢？其实，不仅是职场妈妈，现在很多职场爸爸也面临这个问题。所以，我准备从四个方面来探讨这个问题。

··母亲的陪伴真的那么重要吗？

首先回答这个问题：是的，妈妈的陪伴对孩子确实很重要。

很多人可能都知道恒河猴实验。婴猴一出生就不得不与猴妈妈分离，与另外两个"母亲"——铁丝妈妈和布猴妈妈在一起。铁丝妈妈的胸前挂着奶瓶，小猴子可以在它身上喝到奶，而布猴妈妈则没有奶。实验结果发现，小猴子宁可不喝奶，也愿意挂在布猴妈妈身上，和布猴妈妈待在一起。

这个著名的实验告诉我们，高级哺乳动物对母亲具有与生俱来的眷恋。而且，这个实验还有残忍的后续，这几只从出生就被剥夺了母爱，经常遭受攻击、惊吓的小猴子，长大后都出现了抑郁、恐惧和攻击倾向。

同时，安斯沃斯的依恋关系类型研究提示我们，6岁以前儿童的照料者（尤其是母亲）的长期缺席，很有可能会导致孩子形成回避型或焦虑矛盾型的不健康依恋风格。

一个人幼年时形成的依恋风格，往往会延续为成年后的人格。一个回避型依恋的人，往往在成年后也难以发展深入的亲密关系。比如，健康的情侣关系中恋人常见的心态是："你对我好，我很高兴；但我对你好，不是因为要还人情，只是因为我想对你好，看见你好我就高兴。"诗经中"投我以木瓜，报之以琼琚。匪报也，永以为好也！"就是对这种健康亲密关系的美好诠释。而回避型依恋的人在情侣关系中的心态则是："你千万别对我好，否则我又要还人情了。我对你好，是因为还欠你一回情，这已经让我负担很重，所以千万别再对我好了，否则我真的想逃了。"

前文提到的那位职场妈妈也是因为看到过这些理论，所以害怕自己这半年的缺席，会给孩子带来种种不好的影响。

··母亲去外地工作半年，孩子是不是就毁了？

先给大家吃颗定心丸：答案显然是否定的。

首先，一般能造成心灵创伤的缺席往往是长年累月的。比如农村留守儿童的情况，父母和孩子可能一年甚至几年才见几面；又或者城市"留守"儿童，他们的父母忙于工作，平时很少着家，更别说进行一些亲子互动了。这些情况确实会对孩子的性格造成不小的影响。但如果妈妈仅仅是异地工作半年，而且可以定期回家探亲，家人也可以带着孩子去看望妈妈，在这种情况下，孩子心里会知道妈妈并没有抛弃我。

当然，两三岁的孩子正处于分离焦虑阶段，会特别黏妈妈，所以再相聚时孩子可能会异于平常地黏人。比如，缠着妈妈一刻都不肯分开，甚至会倒退回婴儿状态：要躺在妈妈怀里睡，要让妈妈抱着吃饭，闹着要已经戒掉的奶嘴，动不动就委屈哭闹。这些都是可以理解的，条件允许的话，可以尽量多满足他的安全感需求。

其次，父亲也应该起到重要作用。与妈妈分离半年的时间，孩子肯定会面临挑战，此时爸爸的陪伴就很重要。虽然说高级哺乳动物在婴幼儿时期对母亲有天然的依恋，但父亲的职责同样不可推卸。发展心理学家迈克尔·兰姆的研究表明，父亲的陪伴对于儿童的认知发展、社会性发展等方面的影响可能比母亲的陪伴更大。

在与父亲游戏、交流的过程中，孩子可以发展社会认知、建立安全感、培养性别意识等。所以与孩子聊天，进行举高等亲密互动，开展跑跑跳跳的户外活动，等等，都应该是父亲的日常任务。尤其是妈妈不在身边的时候，一个慈爱的爸爸可以起到很好的补偿和替代作用，因此父亲的陪伴对孩子的性格塑造一样重要。

再次，孩子性格的塑造，是各方面共同作用的复杂过程。一个人性格的形成很复杂，是由遗传基因、家庭养育和外部环境共同造就的，而非妈妈一人之力。

除了天生遗传的基因、家庭氛围的熏陶，还有老师的教育、朋友的影响、社会的塑造等都会对孩子性格的形成产生影响。上文提到的心理学家奥康纳和克罗夫特的双生子实验，就表明家庭养育环境虽然是非常重要的影响因素，但是后天环境（学校、社会等）对孩子的影响也很大。比如，父母的长期缺席可能会造成孩子自卑、孤僻等问题，但孩子在成长过程中可能会遇到能够治愈他的良师益友，或者自己发展出强大的内心，因种种际遇而实现自我成长。

养育孩子是综合的系统工程，我们无法做到每一个环节都不出任何差错，只要把握好大方向、大原则，是不会错到离谱的，更不会导致"一辈子就毁了"这么可怕的结果。

·· 陪伴孩子的时间不够多，该如何弥补？

有些家长很为难地问："我也想陪孩子，但是工作确实很忙，怎么办？"

我经常强调的一个概念是：高质量的陪伴。

缺乏父母陪伴和教导的孩子，往往存在自卑敏感、性格孤僻、缺乏安全感、容易成瘾等问题，但孩子的安全感，并不仅仅是父母"在身边"就能养成的。"陪伴"不是指单纯地与孩子待在一起。有的父母只是在物理空间上和孩子生活在一起，不主动与孩子交流互动，对孩子的态度敷衍又冷漠，或者下班到家就把孩子交给电视和手机，这种陪伴的积极作用几乎为零。更有甚者对孩子长期进行贬低羞辱、虐待打骂的，作用更是负面，待在这种父母身边还不如远离。

反之，如果你无法做到每天回家，但是当你回去的时候能进行高质量陪伴、积极互动，比如陪孩子做手工，给孩子讲故事，帮孩子洗澡，带孩子玩游戏，陪孩子聊天，与孩子亲昵，等等，即使不能天天见面，也会带给孩子安全感和亲密感。

·· 不要被理论束缚

有人也许要问了，这些心理学理论，比如恒河猴实验、安斯沃斯的依恋关系类型等说得到底对不对？并不是说这些理论不对，而是说我们不必夸大解读和教条地理解这些知识。

如果你已经了解了很多心理学的知识，懂得陪伴对孩子的重要性，就证明你已经是个很棒的家长，不必因为这些知识反倒产生了焦虑情绪，自己把自己吓坏了。

原生家庭对孩子的塑造当然是非常重要的，但对原生家庭理论进行过度解读却是没有必要的。育儿是长跑，父母尽心陪伴孩子18年，绝不可能因为短短半年就能成就或者毁掉他的一生。

如果父母尽己所能给了孩子爱和陪伴，那么孩子一定能感受到。即使分离半年，当父母再回到孩子身边时，孩子可以重新感受到父母的爱和陪伴。

虽然在这缺失的半年里，妈妈错过了孩子的一部分成长，会留下一些遗憾，孩子也面临艰难的挑战，但是如果说因此给孩子留下了终生的心理阴影，孩子的一辈子就被毁了，也言过其实。

如何做到高质量的亲子陪伴

有人问我:"都说要高质量的亲子陪伴,可什么才是高质量的亲子陪伴?儿童游戏我也不会,能不能给一些具体做法作为参考?"

我总结了一下,自己常陪孩子一起玩的户外活动有:带着孩子捉蝌蚪,观察蝌蚪变化,发散讲解生物变态发育;观察植物花朵,了解植物变化与季节变化;开展互动性的体育运动,比如追逐奔跑、踢足球……

雾霾天、雨雪天或者传染疾病流行季等不方便外出的时候,室内活动有:养鱼、养龟、养蚕,了解动物习性,了解胎生和卵生、两栖动物和爬行动物的生物知识,从实际观察中学习"作茧自缚"和"破茧成蝶"等成语;种豆芽,了解光合作用;讲故事、拼乐高、搭积木、做手工、画画，以及跟着网络视频教学做各种简单的物理和化学小实验。

我给我家老大配了一部手机，用来听故事（主要是传统神话类和科普类故事）、听诗识字，以及在走散等紧急情况下联络我们时使用。

每当他揣着手机在小区里溜达，总会有家长告诉我"你这样做，对孩子有百害而无一利"，并且自豪地表示，"我从来不让孩子碰手机、平板电脑这些电子产品，他长这么大都没玩过"。

当然我不是说这样做不对，家长完全可以根据自家实际情况选择不让孩子接触电子产品，这没问题。只不过这样做可能就是治标不治本。

孩子年纪小时，父母的压制可能还暂时有效，但当他们有能力自己接触到电子产品时，可能会出现"反扑期"，这时孩子会变本加厉地渴望玩手机和玩电脑。相较于威胁、恐吓或者全面禁止电子产品，倒不如给孩子一个不玩手机的理由——比起手机里的游戏，孩子更喜欢在爸妈的陪伴下做有趣的活动。

因为在父母陪伴孩子做游戏、做手工、做实验的过程中，孩子收获的不仅是手脑协调的益智活动，还有亲子间的交流。你会发现在这个过程中，孩子的逻辑思维增强了，亲子感情加深了，思考能力和语言表达能力都得以提升。这样的陪伴，就是一种高质量的亲子陪伴。

而且，我自己在亲子活动中发现，孩子对游戏的兴趣并不会止步于游戏本身。比如我陪孩子做了一些科普小实验之后，他了解到磁力、电路、大气压等事物的存在，从而激发出更多兴趣，向我追问更多延伸的话题，往往从一个小电极，聊到"范德格拉夫起电机"；从吸水蜡烛实验，聊到大气压力，再聊到"马德堡半球实验"；从制作魔幻星空灯，到要求观察夜空。接着，我会搜索一些相关的视频或音频故事，储存到他的手机里，当我没空陪他玩的时候，他就自己安安静静看视频或者听故事。

一个愿意仰望星空的孩子，是不会总要低头玩手机的。

孩子为什么会沉迷于电子产品

说到孩子低头玩手机的事,相信很多家长有共鸣。

有一次我家孩子幼儿园开家长会,就"孩子沉迷于电子产品怎么办"这个话题,家长们互相交流了经验。

一位家长说:"我们家建立了一套作息规定和奖惩制度,每天允许孩子玩三次平板电脑,每次不超过 15 分钟。违反的话就没收玩具和零食;如果能连续遵守三天,就奖励棒棒糖。"

其他家长纷纷低头记笔记。这位家长见状,突然笑道:"你们别记了,我想说的是这招不管用!每次他都讨价还价,撒泼耍赖;而且在我管不到的地方,他逮着机会就玩,几小时都停不下来。"

这个问题我还比较有发言权,因为我家孩子也曾迷恋电子产品，但现在慢慢学会了比较有节制地使用。

婴幼儿正处在感知觉飞速发展的时期（感知觉关键期），为了使感知觉获得充分发展，孩子会主动追随视听觉刺激，因此电子产品的声光电能激发孩子的兴趣也就不足为奇。我家孩子几个月大的时候就喜欢盯着电视看，1岁多就已经和平板电脑上"会说话的汤姆猫"聊得津津有味——抱着屏幕边亲边喊"汤猫，爱你！"当时家里的老人都忍不住埋怨我对孩子不加管教。

我为什么"不管"呢？因为"堵"不如"疏"。心理学中有两种效应都能很好地诠释这一点——白熊效应和禁果效应。

假如现在我命令你不可以想白熊，你会发现自己的脑海中会无法控制地出现一头白熊，这就是白熊效应。因为"不可以想的事情"会激活我们的抑制系统，而抑制本身需要调动大脑更多的觉察——监控你到底有没有"想白熊"，这就像拿着放大镜搜索"白熊"这个关键词一样，不可避免地就会出现白熊。反而，让你刻意去想白熊，你却不一定想得起来，就好比盯着一个字看久了，会觉得不认识它了。其实，这是神经放电后的疲劳表现。

"禁果效应"指越是禁忌的事物，越散发着诱惑的气息；越是得不到的东西，越让人充满渴望。禁果效应对成人而言是如此，对孩子更是如此，而且孩子还受到另一层因素的影响——自我意识的萌芽。因此，你越禁止孩子玩某样东西，越容易激发他们的好奇心和逆反心理，反而起到了强化作用。

什么情况下，一件事情给人带来的愉悦感和吸引力最强烈？正是"求之不得，寤寐思服"的时候，比如白娘子和许仙，梁山伯与祝英台，罗密欧与朱丽叶……通过这些中外著名的爱情故事就会发现，越是障碍重重，越是能激发男女主角冲破藩篱，不惜付出生命代价也要在一起的欲望——与全世界对抗来争取和捍卫自己想要的东西。"障碍"会让人们的抗争变得充满使命感。

所以经过沟通，我和鹿老师对孩子玩平板电脑、看电视这件事达成了一致意见，我们采取的态度是：不刻意强化、不刻意设限，想看就看，但是要有度，就和吃饭睡觉上厕所一样把它当成是一件平常的事情。

可能有的家长会说："这招对我的孩子行不通，如果放手给他玩，他真能玩到天荒地老。"当然，随着孩子年龄增长，电子产品的复杂性、趣味性、可玩性对他们来说也会逐步增强。有些孩子的确能坐着玩很久，而且如果平时被管得紧，父母突然放手不管，孩子便会逮着机会使劲玩。由此可见，"不刻意设限"这一招并非对所有孩子都管用。

因此，我要再次强调，养育中更重要的一点是"高质量的亲子陪伴"。

我在接触到的"问题儿童"现象中，往往会发现家长在亲子相处中的做法存在不妥之处：有的也许是工作太忙，顾不上孩子；有的是不懂得如何表达和交流，疏于与孩子沟通和互动；有的家长一到家就看手机，忽视了对孩子的陪伴……没有人陪着玩，孩子当然要自己寻找"出口"和"寄托"。

平时，建议大家尽量匀出时间多多陪孩子，天气好的时候带他出去挖沙子、踢球、戏水，在草地上撒欢儿、捡落叶，堆雪人,滑冰……出现雾霾、雨雪等天气情况时,就在家里搭乐高、养花、做点心、画画、讲故事……

除此之外,也可以带孩子做家务,这样既减轻了家长的负担(虽然有时候可能是帮倒忙),又锻炼了孩子的动手能力,更重要的是,做家务也是可以让双方都乐在其中的亲子时光。

如果孩子能够在"爸妈陪我做游戏"和"我一个人看动画片"之间做出选择,那么他大概率会选择前者,除非孩子和父母已经彻底切断连接。

我时常看到孩子偷偷用父母的手机账号去打赏主播的新闻,有的家长会对着镜头哭诉是"主播诱导了我家儿子";也有家长抱怨"手机、电脑、平板电脑把孩子都带坏了",仿佛主播和电子产品是罪魁祸首。

事实上,"玩物"从来都不足以毁掉一个人;一个人要被摧毁,一定是从自我内部开始的。"物"永远是为人所用的。同样是玩游戏,有的人成了"网瘾少年",有的人却参加国际大赛成为专业人士;沉迷于小说也是如此,有人得了戒断综合征,哭喊着"奈何烧杀我宝玉",有人却能借此成为作家。

同理,如何看待孩子使用电子产品也是一样,选择权其实在父母手里。是切断亲子间的连接,把孩子交给"电子保姆",让孩子自己没完没了地看动画片、玩游戏,还是选择陪伴孩子,做一些亲子共同参与、有益身心健康的活动,我们作为父母,其实是可以选择的。

电子产品并不是洪水猛兽

之前,一位自媒体平台的工作人员来我家谈工作,恰好看到孩子抱着平板电脑看短视频。她有点惊喜地问:"你们家不排斥孩子看短视频吗?"

我问她:"为什么要排斥呢?我觉得电子产品的青少年模式里,不少内容都做得很好。一开始,我只是在工作忙、没办法陪他时,让他自己在青少年模式下玩一玩。我本以为他都是看动画片,后来才发现他大多数情况下都是在看非常有益的科普类视频。因为他,小区里很多家长都消除了对电子产品的偏见。"

"老师,非常感谢您,今天的对话对我非常重要。我负责我们平台青少年相关的工作内容,一直以来我听到的都是质疑的声音,有时候甚至不知道这样的工作是否有价值,今天听到您从用户的角度给出的反馈,我突然感觉付出都有了意义。"她说。

关于"孩子是否能玩电子产品、看短视频",我的看法如下。

·· 越来越多的孩子在短视频平台学科普知识

我第一次从孩子口中了解到短视频,是在某个下午,他突然非常兴奋地问我:"爸爸,我们家有没有玉米淀粉?"我好奇地问他要玉米淀粉干什么,而且淀粉很多种类,为什么要指定玉米淀粉。

原来他刚看了一个科普视频,正在教用玉米淀粉调制"非牛顿流体"的方法。非牛顿流体是指外力作用下,剪应力与剪切应变率之间不是线性关系的流体。它的特性是"遇强则强,遇弱则弱",用手轻轻搅动,它就是液体;假如拿锤子用力砸,它就会变成坚硬无比的固体。此前,我甚少从6岁的儿子口中听到这么专业的科学名词。对他而言,这是非常好玩和神奇的事。

学会制作"非牛顿流体"后,他又向邻居家妹妹展示了实验过程。自那以后,他经常把学到的新知识教给妹妹。比如:"太阳系九大行星已经变成八大行星了,冥王星已经变成矮行星了。""你知道哪个惰性气体是人工合成的吗?""太阳放光芒,依靠的是核聚变反应。"

邻居们纷纷表示:"现在的小学生已经内卷成这样了吗?""不愧是北大教授的儿子啊!"我很惭愧,其实这里面没我什么功劳,而且以我的知识储备,估计只能教到他10岁。

邻居好奇地问："这些科学知识，他都是从哪儿学的呀？上的什么课外班吗？"

"都是网上看来的。"

邻居又惊讶地问："网上视频不都是玩儿的东西吗？"

"他就是觉得这些好玩。"

小区里很多家长也因为我家孩子的表现，一改对短视频内容的偏见，允许自家孩子在青少年模式下接触网络了。我们也得以从孩子的视角了解到原来短视频内容也可以传递很多有趣和有用的知识。

一直以来，我常常被问到如何看待孩子接触网络、使用电子产品，家长们谈"网"色变，小心翼翼地拿捏尺度，担忧孩子沉迷网络，毕竟关于"网瘾少年"的许多新闻都非常耸人听闻。

其实，我们不用把电子产品或短视频内容视作洪水猛兽。当你善加利用时，它也可以成为教育孩子的辅助工具。

当然，在网络上接收信息时，一定要注意辨别，做到去伪存真。最简单的方式就是注意信息来源，关注官方正规渠道的信息。比如，想了解医疗知识，关注正规三甲医院的医生或者正规医院的官方账号即可。

·· 儿童接触网络不能脱离成人的监管

需要强调的是，儿童接触网络，不可以脱离成年人的监管。

从心理学角度来看，儿童正处于人格及价值观逐步完善的阶段，这一阶段的特点就是儿童尚未形成稳固的观念，容易被外部刺激影响。研究也发现，成年后的犯罪行为与儿童时期观看攻击性电视节目的数量存在显著的正相关。由此可见监管的重要性。

当然作为心理学人，我认为监管不应单纯地依靠网络平台自身以及国家相关部门，家长也应当负担起监管的责任。而且，对家长而言，陪伴比监管更重要。为什么这么说呢？

我经常收到网友求助，说孩子一回家就埋头打游戏、刷短视频、看直播，也不跟爸爸妈妈交流，成绩也随之下降。为此，家长需要明白孩子沉迷网络的原因是什么——这一点尤为重要。

关于孩子沉迷网络，我想讲两点：首先，不是因为有了短视频平台和电脑游戏才有了沉迷；其次，假设孩子已经存在沉迷网络的问题，那么真正的问题不在于工具，而在于亲子关系。当一个孩子和父母没有积极交流和有效沟通的时候，他自然会为了寻找自尊、快乐、满足感和控制感等，将情感转移到别的事物上——它可能是短视频、电脑游戏，未来甚至是超出我们想象的某个工具。

因此，当孩子使用电子产品时，我经常会一边工作一边陪着他。我俩看似各忙各的，但其实我可以在旁帮忙把关科普内容的真伪，帮助孩子学会分析网络信息的可靠程度，提高他的分辨能力；同时可以随时回答他的疑问，在问答互动中增进亲子交流，他也会意识到"爸爸在陪着我"，这是一种有质量的陪伴。

我们的生活与网络、电子产品已经密不可分，要和它们相隔绝是不现实的。孩子年幼时家长还可以控制他们接触网络和电子产品的时间，等他进入青春期，管不住的时候该怎么办呢？很多家长认为孩子的问题是到青春期才出现的。其实不然，只是孩子到了青春期，家长无法全盘控制时才觉得出现问题了。

与其堵，不如疏。监管好孩子接触的平台与内容，引导孩子学会管理网络及电子产品的使用时间，引导孩子学会筛选内容、分辨信息等，反而利大于弊。

··家长的焦虑，来自对儿童发展规律的不了解

现在很多家长很焦虑，他们如何缓解焦虑呢？大多数可能是折腾孩子，向孩子施压。

从心理学研究来看，家长 80% 的焦虑主要来自对儿童发展规律的不了解。这也是我特别愿意从儿童发展的角度分享"育儿"科普内容的初衷。"育儿"二字之所以加双引号，是因为我更愿意引导父母而非孩子，希望家长能够多了解育儿方面的知识，少走一些弯路。

在一次聊天中，一个高中同学提到，他为孩子报了早教班，因为机构宣传称可以培养孩子的社交能力。我说这挺好的，孩子的社交能力挺重要，于是便多嘴问了句："你们家孩子多大？"

"1 岁半。"

"要不咱还是把这钱退了吧。"我说。

同学问："为什么？"

从儿童发展心理学角度来说，1 岁半至 2 岁的孩子，刚刚

具备自我意识,刚萌发"我是谁"的意识,但还没有"别人是谁"的概念。所以,1岁半阶段需要培养孩子的"独立性"、"自我意识"与"自我概念",而非"社交"。

在这个阶段,无论父母是否"培养"孩子的社交能力,3岁之后他们这方面的能力都会提高。这不是早教机构的功劳,而是孩子到达一定年纪自然而然发展出的能力。

我曾经关注过一些育儿类的自媒体博主,发现市场被非专业和一知半解的声音占据了话语权,而相关的专业人士没有发声,或者声量不够大。因此,也希望通过个人的微薄力量,用通俗易懂的方式传播专业的、科学的育儿知识,以缓解家长的焦虑。我发现当家长了解儿童的发展阶段之后,就没有那么焦虑了,孩子的情绪也会好转。

这更加坚定了我面向广大家长科普育儿知识的决心。家长多了解发展心理学内容,一是缓解焦虑,少折腾孩子;二是从经济角度而言,可以减少不必要的开支,少花冤枉钱。上早教班也许要花费两三万元,但购买一本翻译精良的、正规的发展心理学专著,只需要三四十元;而且还有很多专业人士的自媒体平台、包罗万象的科普图文及视频资源,不仅有学习价值还免费。

··家长的焦虑,也源自没有和孩子同步成长

我特别喜欢牛群、冯巩老师的相声《威胁》中的一段对话,大致内容如下:

牛群问:"您说世界上什么最可怕?"

"您说呢?"冯巩反问。

"我认为啊,最可怕的是儿子。"

"儿子?"

"哎哟,您可没见过这儿子,太可怕了。"

"这儿子他怎么会可怕?"

"他'噌噌噌'老长啊。"

"是,他不能'嗖嗖嗖'地老抽抽啊!"

牛群说:"不是,他长个儿咱不怕,咱就怕他长学问啊,那么点小孩闹一小肚子学问,他指不定什么时候寒碜你,你这当父母的,这脸往哪儿搁呀?"

很多时候家长焦虑的原因,可能是他们与孩子成长轨迹的不同步。生活中很多亲子矛盾的根源在此。那么,如何消除家长与孩子之间的矛盾呢?我认为最重要的是家长和孩子共同进步。孩子是家长和日新月异的世界连接的窗口,通过孩子的成长,与他们一起学习、接触新事物,最终可以实现亲子的共同成长。所涉方面包括但不限于:培养一门共同爱好(从孩子的喜好出发),有机会的话和孩子讨论喜欢的明星,为孩子的困扰(可能在家长看来是鸡毛蒜皮的小事)出谋划策,等等。

二胎矛盾:"爱我的话为什么要生妹妹?"

朋友曾经给我看过一段视频,视频中一个男孩委屈地问妈妈:"你们真的爱我吗?爱我的话为什么还要生妹妹?你们考虑过我的感受吗?"妈妈安慰他,独生子女太孤独了,有了妹妹就可以给他作伴。男孩反驳说自己有朋友,不需要妹妹的陪伴。母子俩就"陪伴"展开了一段对话,男孩层层推倒妈妈的论断,但视频最终以男孩哭诉自己如何讨厌妹妹,妹妹把原本属于他的东西都分走了,想把妹妹送走等情感宣泄结尾。朋友对我说:"最近我家也面临同样的问题,老二出生以后,老大很不开心,很排斥老二,怎么办?"

我发现在这则视频的评论区,很多网友对小男孩产生了共情,理由主要有以下几点:

1. 父母生二胎考虑过老大的感受吗？咨询过老大的意见吗？为什么不尊重孩子的想法呢？
2. 原本家里所有玩具都是老大的，所有的爱也都是给老大的，突然多出个弟弟或妹妹，不仅小时候要和老大抢玩具、分宠爱，成年后还得跟老大分家产，谁会乐意？
3. 都说一碗水要端平，可是现实中多孩家庭的父母，又有几个能不偏不倚，做到绝对公平？

··生二胎是否需要考虑老大的意见？

说实话，我并不赞同"父母生二胎需要征求大孩的意见"这一观点。繁衍后代是夫妻双方的共同行为，生育权的行使应当以夫妻双方协商一致为基础。《中华人民共和国妇女权益保障法》第三十二条规定："妇女依法享有生育子女的权利，也有不生育子女的自由。"所以，生育权属于夫妻二人，且优先考虑妻子的意愿，不属于其他人。在法律允许的范围内，一个人生不生孩子，生几个孩子，只需要和自己的配偶商量，而不需要征求其他人的意见，更不需要得到其他人的批准。

但从实践层面来讲，如果夫妻二人年龄已高，将要退出劳动力市场，同时大孩即将或已经成年准备参加工作，这意味着二孩在未来的成长过程中有可能需要大孩的付出。这种情况下，父母当然应该咨询大孩的意见。同理，有些小夫妻经济不独立，需要父辈资助，也必然会出现生育权被他们的父母主宰的情况。

既然生育权只属于夫妻，那么这位妈妈为什么会被孩子

"不考虑我的感受"的控诉反驳得哑口无言?因为她的理由是"给你找个伴儿"。听着很无私,好像都是为孩子考虑,但仔细推敲,就会发现这个逻辑从根源上就是错的。假如父母是为了大孩才生育二胎的,必然会给孩子造成"我是有决定权的"错觉——毕竟是给他找的伙伴,都不事先问人家的意愿吗?

以前有朋友问鹿老师:"你为什么想要生二胎啊?"鹿老师回答:"因为我有生物繁衍本能啊。"其实想不想生孩子原本就是要不要传递自己的基因这么简单,不必说"生二胎是为了大孩"。如果非得把孩子强行架到受益者的位置,当他最终发现自己并不是受益者时,必然会产生疑惑:"如果真是为了我好,我怎么没得到什么好处呢?"

当父母明确了生二胎是为了自己之后,孩子就会明白在"生二胎"这件事情上,自己并没有决定权,这时候他就该学会面对现实了。

有人问,如果孩子还是不接受怎么办?其实,每个儿童都会经历"自我中心"的心理发展阶段。试想一下,突然出现的竞争者打破孩子在家庭中为"中心"的局面,孩子由此产生了"不接受"的感觉也是非常正常的。这种情境下,家长的任务之一,就是帮助孩子认识到"自己不是世界的中心",但认识到"自己不是世界的中心"并不等于让孩子认同"自己不被爱",这一点切勿混淆。

帮助孩子去自我中心化,也是有年龄范围的,适用于5岁以上的儿童。假如孩子不能够接受去自我中心化,那么家长需要做到"接纳孩子的不接受"。

什么叫"接纳孩子的不接受"？就是接纳他一定范围内的哭闹、争夺，甚至打架。家长不要将孩子的这些行为上纲上线成"坏孩子""不爱护弟弟/妹妹"，而是要耐心地疏导，纠正其行为，同时用心地爱护他，公平公正地处理孩子之间的矛盾，静静等待孩子长大。终有一天，你会发现，"手足之情"不是凭空捏造的词汇。

接纳不等于纵容——很多人容易混淆这两个概念，要么"上纲上线"，要么就是"纵容"，容易走极端。我举例说明一下。

不接纳："你是个坏孩子！""你将来这样怎么行？""这孩子心理肯定有毛病！""你必须无条件、无理由地让着妹妹！"

纵容："弟弟/妹妹不好，活该挨打！""小孩嘛，谁不打架！打吧，抢吧，我就当没看见。"

接纳但不纵容："我知道你肯定很委屈，我很爱你，很在乎你的感受。但是打人和抢东西是不对的，我们一起看看怎么处理这次的矛盾。"

如果孩子已经 10 多岁了，还不能接受弟弟/妹妹"抢夺资源"，家长就很有必要引导了。你总得让他明白，地球不是围着他一个人转的，宇宙也不以他一个人为中心。这个世界上将来还会有更多的事情不以他的意志为转移，也有太多事情是他哪怕不接受也无权干涉的，趁早明白这个道理对他更好。

··如何疏导大孩"被抢夺"的心理

兄弟姐妹之间的关系很奇妙，明明是血肉至亲，但是在利益甚至生存等问题上却又是相互冲突、相互竞争的。

从进化心理学的角度来说，在基因传递的策略上，兄弟姐妹的关系既是竞争的又是合作的。一方面，兄弟姐妹携带着和自己相同的基因，保全兄弟姐妹也等于是保全自己基因传递的可能性；另一方面，在父母精力与家庭资源的分配中，兄弟姐妹之间的利益又必然是冲突的。因此，大孩会产生"关爱和资源被争夺了"的感觉也情有可原。就算父母再怎么公正不偏心，很多大孩仍然会心生怨恨——"本来所有的资源都是我的！"

然而，我们人类并不是只靠体力拼杀去获取资源的动物，家长完全可以在兄弟姐妹的竞争与合作关系中好好引导，寻求平衡。如果孩子说出"谁愿意多一个二胎来跟我分家产"这样的话，我认为这是家长教育中的失职，才会让孩子产生错觉：这个家只能以我为中心，家里一切都该是我的，父母的一切只该属于我一个人。

我相信有孩子的父母都可能经历过这样的场景——当你拿出食物准备全家人分享时（比如糖果或者蛋糕），孩子会哭闹着说："不行，这是我的！"

我家孩子小时候也会这样，但是我会告诉他："这个家里没有一样东西是只属于你一个人的（除非本来就是买给你的、属于你私人的物品），所有东西都是我们一家人一起努力得来的，所以哪怕一根针，都是属于我们全家人的。我们爱你，愿意把能提供的最好的都给你，但并不是所有好东西都只该给你一个人。除了明确是你私人所有的（比如说好了由你主宰的玩具、图书之类的），其他东西都不存在'这是我的'的情况。水果盘里的水果不是只该你吃，电视不是只能由你选择频道，家里的所有东西都是属于我们全家人的。"

曾经有一个20多岁的年轻人，向我讲述她和妈妈之间发生的这类矛盾。妈妈买来草莓，她吃到一半吃不下了，准备晚上回家再吃。谁知回家后发现剩下的草莓被妈妈吃了，她勃然大怒。妈妈向她解释："我以为你不吃了。"提及此处，她生气地说："她凭什么认为我不吃了？她为什么问都不问，就擅作主张？我觉得她不尊重我。"

她的理直气壮让我感到很诧异，这个年轻人显然在童年时期缺乏上述的教育和引导——她天然地认为她享有吃草莓的优先权；她吃不完，其他人也不能吃；除非她确定不吃了，别人才有资格享用，即使这个"别人"是她的妈妈。

但道理不是这样的，家里的水果本来就该全家人共享。你当然可以要求其他家庭成员"给我留点晚上吃"，也可以问问对方"你还吃吗"，但这些都是出于家人之间的爱意而主动做出的谦让，并不应该理所应当地一个人吃独食。

这些道理不应该等到二胎来临时才开始引导孩子，而是从一开始就该让孩子明白：不存在什么"你的家产"，这不是"你的家产"而是父母的劳动所得，父母有权决定用这些资源或财产来养育几个子女。当然，家长也应该尽可能地公平对待每一个孩子。

·· 让孩子从被爱中学会爱

有些人也许会说，虽然我们都知道不能养成孩子自私霸道、自我中心的性格，但是如果父母无视老大的意愿生下二宝，回头他要闹腾起来，威力是不容小觑的。

我始终认为，爱是治愈世间一切伤痛和不平的良方。这个"爱"，并不是对孩子进行亲情绑架，强行灌输"你要爱弟弟/妹妹""亲兄弟/姐妹之间干吗计较那么多"等的概念，而是在生活中营造爱的氛围。所谓"营造爱的氛围"，包括两个方面：

第一，帮助孩子在他们之间营造爱的氛围。我们常说的"一碗水端平"，并不是要求家长做到绝对公平，不是两个孩子分一碗麦片，100粒的麦片就必须一人50粒。上文中我也提到，如果孩子年幼，家长应该调整心态，学会接纳孩子的不接受。相较于物质上的公平，家长更应该为孩子们营造充满爱的氛围。

假设父母将孩子们放在对立的位置上，总把"你是姐姐，要让着弟弟""弟弟小，这次先给他买玩具"之类的话挂在嘴边，就容易在孩子之间营造"有你没我，有我没你"的氛围，那孩子们怎么可能不针锋相对？而如果父母时常有意无意地向孩子传达"这是哥哥特意留给你的蛋糕""爸爸说要罚你，弟弟哭着拦了下来"之类的话语，效果就不一样了。

第二，家长要言传身教。言传身教的内容包括：你对孩子的爱、你对长辈的爱、夫妻之间的爱、你和兄弟姐妹之间的爱。

孩子的模样折射出来的一定是家庭的样子。如果孩子喜欢对别人表达爱、喜欢拥抱，那他大概率生活在充满爱的氛围中；如果孩子喜欢斤斤计较，对人充满敌意，攻击别人，那很大可能是家里也有人经常这么做。

如果你和家人和睦相处，相亲相爱，孩子对于家庭新成员的到来，就会展现出"这是多了一个人来爱我和让我爱"的态度；如果一个人和自己的兄弟姐妹、父母乃至配偶之间都斤斤计较，那么这个人的孩子学会的必然就是敌意和算计。

而且，如果你给了孩子足够的爱，孩子有了足够的安全感，他就较少有这种"宠爱被夺走了"的感觉。以前，有亲戚朋友逗我家孩子说："将来妈妈有了妹妹就不要你喽。"我家小孩并不会往心里去，而是笃定地说："怎么可能？"

当然，现实中很多家长，往往是有心公平但无力平衡，希望"一碗水端平"，但不知道该怎么做。那么对于这些家长，确实有一些建议可供参考，我们将在下一节中重点讨论。

二胎家庭中一碗水端平的艺术

刚刚我们已经说到在二胎出生之前就要给大孩构建爱的氛围，学会接纳大孩的"不接受"，以及让大孩明白自己不是宇宙的中心。下面就来谈一谈，如果已经生了二胎，而且两个孩子之间经常因为感到"不公平"而产生矛盾，又该如何解决。其实，现实中很多"二胎矛盾"，确实是由于父母无法处理好孩子间的冲突所导致的。

至于一些偏心的父母，将资源和关注倾注于某个子女，甚至剥削其中一个来供养其他子女的，这种父母本身就不合格，也不会关心本书在讲什么。而一般来咨询"如何将一碗水端平"的父母，都是有心想处理好孩子之间的关系却力有不逮的。以下将给这些在经营好孩子间关系上有心无力的家长几点建议。

··父母如何定义孩子们之间的关系非常重要

如果家长默认孩子之间就是竞争关系，经常把他们拿来互相比较，孩子间的关系自然就是对立的，他们的目标就会演变成想要打败对方，而不是爱护对方。在这种环境下，孩子间容易产生嫉妒和不平衡，也就很难发展出亲密的关系。比如：

> 父母对哥哥说："你看弟弟多听话，你为什么不能像弟弟一样听话呢？"
> 或者父母对弟弟说："你看哥哥多聪明，你要好好学习，争取超过哥哥！"

家长可以把孩子间的关系定义成互相扶持、互相帮助的，不将他们进行比较，比如对哥哥说"弟弟最喜欢你了，他需要你的保护"，对弟弟说"这是哥哥特意留给你的蛋糕"。通过这样的引导，哥哥就容易产生荣誉感，弟弟也会产生被呵护感，兄弟俩就能明白他们不是竞争者，而是共生者。

··全家人一起参与，合理分配照料时间

很多家庭有了二胎之后往往容易忽视老大——以前大家陪着老大玩游戏，现在一家人都围着老二转，老大一定会觉得是弟弟/妹妹把本来属于他的爱抢走了。虽然家长本意并非要营造出这种竞争关系，但是儿童对父母的行为很敏感，会通过家长的行为表现得出"是弟弟/妹妹的出现对自己造成了威胁"的判断。

在这种情境下，一方面我们要更多地对老大表达爱，去拥抱、去关心、去陪伴；另一方面，家庭成员之间要协商出更合理的分工安排，不仅在物质方面要公平，更要在情感和精力分配方面做到公平给予，尽量不让老大觉得受到了冷落。

在这个过程中，妈妈与爸爸分工合作就非常必要！比如妈妈今天哄弟弟睡觉，爸爸就给姐姐讲故事；爸爸今天给弟弟洗澡，妈妈就有时间陪姐姐玩。在这个过程中，孩子就能明白，原来他们不需要全力抢占妈妈的时间和精力，也一样可以得到爱。

·· 引导孩子发挥主观能动性

在引导孩子的过程中，发挥孩子的主观能动性是最重要的步骤，往往却也最容易被家长忽视。

家长总认为，教育、训斥、奖励、责罚就是管教。其实，强化和惩罚都是给孩子的行为塑造施加外力（当然，施加外力从某些方面来说也是有作用的），但对孩子的行为产生最大驱动作用的，其实更在于内驱力，也就是发挥主观能动性。

父母可以在老二出生前就引导老大观察和参与养育任务：给弟弟/妹妹起名字，帮爸爸一起呵护怀孕的妈妈；孩子出生以后，可以引导老大给弟弟/妹妹喂水，保护弟弟/妹妹不摔倒，帮忙递尿不湿、口水巾等小物件；等等。在参与和体验中，老大就能够明白：原来弟弟/妹妹这么弱小，是需要我的照顾的。

据我观察，大多数的小朋友都比较喜欢做这些事情，因为对他们而言，这就像是玩过家家的游戏一样，而过家家游戏是儿童模仿成年人的社会行为、学会长大的一个重要步骤。但是千万注意，这个过程带给孩子的感受必须是和睦且正向的，家长不能命令甚至强迫孩子去做，否则就是把老大当成了老二的用人。

这种引导可以给老大更多的参与感和责任感，而这种参与感和责任感往往能调动孩子的积极性，让他觉得自己是个有能力承担主人翁角色的小大人。别小看了这种主观能动性，它往往能在孩子之间形成相互扶持、相互帮助的良性循环。

这也是为什么在很多"长兄如父"的例子中，哥哥对弟弟妹妹们付出了很多，却并不觉得自己亏了，反而更加爱护他们，弟弟妹妹们也更加敬重和爱护哥哥。

··家长如何巧妙地调停冲突

随着二孩的成长，家长又会面临一个新问题："两个孩子动不动就打架。"谁都不喜欢冲突，家长更不希望看到自家孩子之间发生肢体冲突，但是我想宽慰大家的是，任何事情都有它积极的一面，冲突也不例外。

不管是人类的孩子还是动物的幼崽，很多社会技能和生存技能，其实都是在打闹中形成的。只要不涉及安全问题，家长其实不必太过焦虑。如果你仔细观察就会发现，孩子之间大多没有隔夜仇——打了一架，哭闹一场，没过一会儿又在一起做游戏了。儿童之间的互动很多都是这样，打打闹闹并不会影响他们之间的关系。

面对孩子之间的冲突，除非涉及安全问题，否则建议家长不要介入过多。我们的目的是帮助他们学会处理冲突，而不是替他们阻断一切冲突。家长更需要充当调停者的角色，调停者的任务就是告诉他们规则，启发他们："可不可以打架？什么情况下可以打，什么情况下不可以打？如果一定要通过打架解决，那么要怎么打？除了打架还有没有更好的解决方法？"那么，具体怎么充当调停者呢？下面以我一位朋友（也是心理学专业人士）家中的真实情况为例。

他家有一对特别淘气的双胞胎男孩，有一次兄弟俩发生了特别大的争执，最终弟弟的脸颊被抓破了，哥哥的胳膊被咬伤了。我的朋友（也就是孩子的爸爸）并没有批评任何一方，而是让他们分别谈谈这次冲突造成的结果。孩子们说完后便发现：每个人都付出了代价，但是谁也没得到自己想要的结果。于是，孩子爸爸趁机引导他们一起制定了应对冲突（包括打架）的规则：

第一，生气的时候要先告诉对方："你这样做，我很生气！希望你能停下来！"

第二，如果告诉对方后他还不停止，就可以向身边的成年人求助；

第三，上面两个方法都尝试过，但没有奏效的话，可以用打架的方式解决问题；

第四，发生肢体冲突时不能使用武器与工具，要避开对方的眼睛和头部；

第五，冲突结束以后，最先动手的一方必须先道歉。

孩子妈妈看到这个规则后非常不放心,她认为应该明确地告诉孩子"不允许打架"。但是一段时间之后,她发现在爸爸的引导下制定的这一规则居然很有效。有几次哥哥被弟弟抢了玩具,特别生气,当哥哥表达出自己的愤怒时,弟弟居然不再抢了,而是与哥哥商量,寻求和解。所以很多时候,我们反复教导孩子"不许打架""打架是错的",并不能达到化解冲突的效果,因为冲突不可避免,我们要教给孩子的是化解冲突的能力。当我们和孩子们一起制定规则,这个制定规则的过程本身就是引导孩子如何去面对冲突、处理冲突,最终化解冲突。

家长如果都没做好上述的几点引导,使孩子产生了种种不公平感和被抛弃感,同时还要以亲情为名对孩子进行道德绑架,当然就会事与愿违。

家长总希望大孩要"懂事",不要和弟弟妹妹们发生冲突。可是就算再懂事,毕竟也还是孩子,渴求父母的关注与疼爱几乎是每个孩子的本能,也是他们生存质量的基石。如果在多孩家庭中,家长一味地偏心,企图利用道德枷锁捆绑孩子,以便让自己在管教中少一些麻烦,那么即使有幸"教"出一个"懂事"的孩子,可能也会在孩子小小的心里悄悄种下"不公平""不被爱""父母偏心"的种子,以致对他们日后的性格和情绪产生一些负向影响。

其实,我们可以选择皆大欢喜的方式,而非以伤害其中一方为代价。

多孩家庭的父母如何照顾所有孩子的情绪

我家老二出生时，因为种种原因，鹿老师需要在老家休产假，而我带着老大在北京生活。也就是说，老大和妈妈不得已分开了一段时间。阔别数月之后，一家人终于团聚了。在见到妈妈的前一晚，孩子就兴奋得上蹿下跳，鹿老师也是短信接连着电话各种交代，生怕节外生枝。第二天，母子俩人一见面便"熊抱"在一起，亲热得不得了。

由于我们之前做过一些引导工作，哥哥对于弟弟的到来是比较接受的。鹿老师孕期时，我便经常带着老大一起照顾鹿老师。比如，在妈妈午睡时，哥哥会抱来两条毯子给妈妈盖好，并且告知："一条毯子给妈妈盖，另一条毯子是给宝宝盖的。"

在见到二宝之后，他也着实新鲜了一阵子，搂着亲吻"小可爱",还帮着我们递毛巾、接奶瓶,忙得不亦乐乎。

但意想不到的是,他没和弟弟闹别扭,却在短暂的甜蜜过后,当晚便和妈妈闹起了矛盾。先是晚饭过后,他接连打了两个喷嚏。鹿老师推测:"可能是对羊毛垫子过敏。"儿子说:"不是不是,不信你看!"说着,他把脑袋埋进羊毛垫子深吸了一口气,结果又打了两个喷嚏。看到这一幕,鹿老师笑倒在沙发上,孩子则委屈地哭了:"妈妈嘲笑我……哼!我不爱妈妈了!"接着是哄弟弟睡觉时,哥哥看到弟弟吮吸安抚奶嘴,也想要一个,被妈妈以"奶嘴是婴儿用的,你已经上小学一年级了"的理由拒绝了。后来孩子又看到了一只大号奶嘴,激动地问:"妈妈,这个是给我买的吗?"结果,妈妈又说这是等弟弟大一点再用的。孩子突然崩溃了,哭着说:"我还以为妈妈是给我买的,结果不是。妈妈不爱我了,我不要奶嘴了,也不要妈妈了!"

一晚上接连听到孩子说"不爱妈妈""不要妈妈",鹿老师也很伤心。孩子睡着后,她也忍不住哭了:"我这么爱他,他怎么能说不爱我呢?之前怀孕不能抱他,后来又分开了几个月,我天天盼着见他,心想等见了面一定要好好抱抱他。结果这才回来第一天,因为一点小事他就说不要我了,我觉得很受伤。"

我安慰她:"这事儿其实可以不这么想,你听听我的看法。"

··对彼此期望值过高

毋庸置疑,孩子爱妈妈,妈妈爱孩子。但是在分开了较长时间后,双方都寄托了太多的思念,想象了太多重逢的美好场景。于是,妈妈和孩子对彼此都产生了较高的期望值,渴望得到对方无条件的爱。

这件事在妈妈看来是"他居然为了一点小事就跟我生气——他没有无条件地爱我",在孩子看来则是"我出了洋相,妈妈居然嘲笑我——妈妈没有无条件地积极关注我"。

为什么彼此相爱的人,有时反而容易相处不好?正是因为彼此在情感上都有着过高的期望值。假使一个人在对方身上倾注了全部的爱,就会希望对方也全心全意地爱自己,不能容忍对方有任何一点"不够爱"的表现。

我提醒鹿老师:"你带着二宝回来,孩子刚回到你身边,正处于'妈妈是否还像以前一样全身心爱我'这样一种敏感和怀疑的状态中,所以对你的言行反应过激是在情理之中。正因为他对你有过高的情感期望值,所以才选择了用'作'的方式来试探你,看看你对他的爱和包容的界限在哪里。"

·· 反向形成

对于我的话,鹿老师也接着回应:"我理解他现在的敏感,所以我一直提醒自己不要忽视他,也在加倍地陪伴他、补偿他。可是就算他敏感,也不能说不爱我、不要我吧?这种话多伤人心啊。"

总是给别人科普,讲"反向形成"的鹿老师,没有意识到发生在自己身边的"反向形成"。

反向形成,指的是在无意识层面上的冲动和意识层面的举止表现出相反的方向。换句话说,就是一个人外在的行为举止(不要妈妈)以及外在的情绪表现(不爱妈妈),与他内心深处的动机（要妈妈）或真实的内在情感（爱妈妈）完全相反。

孩子口口声声说"不爱你""不要你"其实就是"爱你""要你"。因为他害怕妈妈不再爱他，害怕自己的爱是单方面的、被拒绝的，所以他压抑了自己对妈妈的爱，率先宣布自己不爱妈妈了，这其实是一种心理防御机制。

关于反向形成的防御行为，有的孩子会明确说出来，这种属于易察觉的（比如我家儿子）；有的孩子嘴上不说却会表现在行动上，比如突然变得脾气很大，或者默默地疏远父母——说到底还是因为孩子敏感，害怕不再被爱。

当然，理解归理解，教育还是得教育。后来，我也对哥哥说："爸爸妈妈再生气，都从来没说过'不爱你，不要你'这样的话。如果你生气，可以对妈妈说'我生你的气了'，但是不可以说'我不爱你了'。"

··退回婴儿状态

鹿老师说："好的，你说服我了。但是他哭着闹着要奶嘴怎么办呢？现在，他已经开始啃手指头。这么大的孩子了，我们总不能真给他奶嘴吧？"

我说："其实，如果真把奶嘴给他，他最多稀罕两天也就不要了。因为孩子想要的根本不是奶嘴，而是妈妈的偏爱。"

许多人误认为，有了弟弟妹妹，老大就自动长大了，所以人们常常挂在嘴边的口头禅是"当哥哥/姐姐了，可得懂事儿啦"。但恰恰相反，家里添丁增口后，很多大孩都会出现一系列的"退行"行为，比如要妈妈喂饭，要妈妈抱，甚至用被子把自己包裹起来，装扮成婴儿在襁褓中的样子。

退行是指人在面临焦虑时，放弃已有的、相对更成熟的生活方式，回到某个更早阶段的生活方式，以低龄、幼稚的行为来缓解焦虑。

我们家老大出现的啃手指（他小时候都没有吃手指的问题）、要奶嘴等行为，就是比较典型的"退回婴儿状态"的表现。

因为担心妈妈偏爱弟弟，所以他要求绝对公平："弟弟有的我也要有，我要和弟弟一样当个小婴儿，来获得妈妈无微不至的照料和呵护。"

·· 父母该怎么做？

在这种情境下，孩子并不懂得应该怎么处理眼下的复杂情绪和焦虑感。作为成年人，父母要帮助孩子平稳地度过这个阶段，而不是被孩子的情绪左右。

如果你被孩子的情绪影响，认为"我对你这么好，你还这么不懂事""我白疼你了，还不如疼小的"，在大孩那里受挫后，转而将情感更多地向二孩倾斜，那么你与大孩之间的距离会越来越远。如此恶性循环，最终就会导致双方情感上的疏离——这也是很多多孩家庭的矛盾所在。

孩子是因为没有安全感，才选择推开你。他越推开你，你就越要把他拉回到亲子关系中的安全区域。只要孩子回到了安全区域，焦虑感和警惕感得以解除，他"无理取闹"的行为就不会持续太久。

第二天，孩子醒来前，鹿老师就等在他身边，准备把那只崭新的大号奶嘴送给他。孩子一醒来就看到妈妈递来的礼物，果然开心极了。他拿出自己的"百宝箱"，将奶嘴小心地放进去，同时又从里面拿出一块巧克力（巧克力是他的宝贝疙瘩，平时我想看一眼都不行），送给妈妈："妈妈，这个是留给你的。"

至此，我们家的第一次"二胎危机"算是平稳度过。

"表达性书写"是一种有效的亲子沟通

在我们家,当弟弟还是襁褓中的婴儿时,兄弟俩一直相安无事,哥哥也非常疼爱弟弟。随着弟弟一天天长大,会爬了,能站立了,学会走路了,哥哥突然发现弟弟有各种各样的需求,于是,第二次"二胎危机"又出现了。

转眼弟弟已经两岁多了,哥哥读小学三年级了,这时哥哥突然变得有些高冷。每天回到家,他就钻进自己的房间不出来,出来了也不爱跟我们说话。每天晚上,我们带弟弟去商场遛弯儿,他不再像以前那样嚷着"我也要去",而是说"你们去吧,我想一个人在家待着"。

他在衣橱里开辟了一个专属于自己的"秘密基地",在里面准备了食物、饮料、玩具、电灯等。平时的网课,他也喜欢躲在

"秘密基地"里面上。

一开始,我并不觉得这有什么不好,他不想一起出去,应该是想趁我们不在家的时候自己玩会儿游戏。至于"秘密基地",谁不希望有这样一个城堡似的小天地,里面都是自己喜欢的东西呢?

但是鹿老师有点担心:"这孩子怎么跟我们不亲热了?也不爱叽叽喳喳了,整天一个人猫着。"我一想也是,虽说孩子越大会和父母越疏远,但他才8岁,这青春期是不是来得有点早了?

于是,我打算和他开诚布公地交流。我问他:"你最近是不是有什么心事?你可以告诉爸爸。"他冷冷地回答:"没有。"我接着又问:"是因为没让你痛快玩游戏吗?""是因为弟弟的事情吗?""在学校遇到什么困难了吗?"他都回答说:"哎呀,没有!我都说了没有,你怎么不信呢?"

晚上,鹿老师不死心,再次强调:"如果你有不开心的事情,一定要信任妈妈,妈妈会尽力帮你解决问题的。"结果他把被子蒙在头上说了句"妈妈,睡吧",便转过身去,把后背留给了我们。

这时我意识到问题了,他一定有心事,而且十之八九和弟弟有关。虽然我们会有意识地注意兄弟间的平衡,但弟弟毕竟幼小,要喂饭,要帮忙穿衣服,要帮忙洗澡,要有人陪着玩。他不理解,为什么他就要自己吃饭,自己穿衣服,自己洗澡,还得自己写作业。

我找了个机会想再和他聊聊:"爸爸可以和你聊一聊吗?"

结果，他不耐烦地说："哎呀，爸爸你怎么又来了？"然后，不管我怎么开导，他都不肯再说话，留下我和鹿老师面面相觑。

我们发现，成年人之间"好好聊一聊"的方式，在孩子身上不管用。我们自认为的真诚交流，他好像很抗拒。这可能是因为，我认为自己是在讲道理，但他会觉得我是在说教，试图说服他来理解爸爸、妈妈和弟弟。

鹿老师提议："我们只能先理解他的不理解，接受他的不接受。"

"暂时不要再'沟通'了，先让他感受到我们对他的爱是真诚的，从未减少过。"我赞同道。

隔天鹿老师和他说："我们来做个游戏吧！我在床头放了一个鞋盒做的信箱，你有什么想和我说的，可以写信或者画画给我，好吗？"他对这个游戏似乎很有兴趣，眼中闪着光说："好！我也要做一个信箱放在我的秘密基地，让妈妈给我写信！"说完，他就开心地去秘密基地鼓捣信箱了。

第一天，他画了一幅画送给妈妈，标题是：生气的妈妈。画中，妈妈气得头顶冒烟，皱着眉头，瞪大了眼睛，瘪着嘴，还跺着脚，脚底下写着一个大大的"砰"。鹿老师给他回信说："我看见天上有一朵云很像棉花糖，要是能摘下来给你吃就好了。"

第二天，他给妈妈写了一封信，只有简单的一句话："妈妈是大坏蛋！"鹿老师回信说："我看你像个大黑耗子，整天在屋里上蹿下跳！"

第三天，他给妈妈回信道："哼！妈妈是臭屁屁！"鹿老师回他："爸爸比我更臭，不信你去闻闻。"

第四天,他写信说不想写作业,鹿老师回信说她也不想上班。

"他那幅画的创意很好,表达得很生动,但是画画的技法有所欠缺,写的内容也都没有个正形。"我和鹿老师说道。鹿老师问:"你记不记得你跟我说过'表达性书写'?"

表达性书写是通过书写来表达自我情感和情绪的一种方式,实证发现,表达性书写可以促进青少年身心健康全面发展。1925年,美国教育家休斯·默恩斯在中小学开设了创意写作课程,其核心理念就在于"自我表达"。

"咱们总是记得这些理论,却又在实践中忘了初衷。我做这个信箱是希望走进他的内心,希望他有表达情绪的通道和力量,而不是给他布置作业,所以我们不用评价他的画技,也不去期待他'应该'写出多么优美的内容。如果他需要提升画画技能和写作文的技巧,都可以再说。"鹿老师说。"你说得对,至少他现在做到了第一步,把情绪发泄出来了。"我赞同道。

当天晚上,网络社交媒体大数据就给我们推送了一对母女的书信对话。女儿的字写得很好,文笔也挺不错。妈妈回信说:"你的字体有很大进步,但是书面表达的能力还不行,需要提升,离妈妈的要求还差很多。妈妈希望你以后能多看文学书籍,争取不断进步。"评论区里,网友们高赞的评论是:"不要再自我感动了。""令人窒息的妈妈。""我要是你女儿,我再也不想给你写信了。"我察觉到大概是太久不做小孩了,我已经忘了做孩子的感受。于是,我赶紧标记下来,引以为戒。

第五天,他在给妈妈的信里写道"我爱你",还在旁边放了一块巧克力。鹿老师吃了巧克力,回复他"我更爱你",并在信的旁边放上了巧克力的包装纸。

这样又过了两天,鹿老师睡觉前又问了一遍:"可以告诉我,你现在为什么不跟我好吗?"

他回答说:"因为你和爸爸晚上带弟弟出去玩,我叫你留在家里陪我写作业,可你说弟弟一个人坐在车后排会害怕。第二天我又请求你留下来陪我写作业,你还是这么说。我就想,有没有人陪写作业,又有什么区别呢?跟不跟你说话,又有什么区别呢?"

我们这才想起来,大概两周之前确实有这么回事,但他后来没有提起,我们也就没再注意。

鹿老师哭着向他道歉说:"对不起。""没关系,我不生气了。但你这样哭,我也会想哭的。"他答道。我安慰他:"如果你想哭,就哭吧。"结果,他号啕大哭起来,我在旁边给他递纸巾。大约哭了5分钟,他终于转过身来面对着妈妈,抱着她说:"妈妈,我爱你。"

从那以后他不再高冷,恢复了原来叽叽喳喳的小孩模样,每天缠着我们玩,问一些不着边际的问题。鹿老师也和他约定好了陪伴时间的分配。在亲子关系的摸索之路上,我们又解决了一个危机。

惩罚本身并不是目的

有很多读者咨询我,养育当中到底能不能打孩子?家长应该怎么把握惩罚的尺度?

打孩子是绝对不允许的,但可以用别的惩罚方式,比如罚站(正惩罚,要注意度)、扣减零食、缩减娱乐时间(负惩罚),只要能起到"强化与惩罚"的作用就行。所谓"强化与惩罚",是心理学术语,运用到现实中其实就是赏罚分明的奖惩机制。

··惩罚需要及时

首先,家长需要明白:惩罚的目的并不是为了让孩子受到伤害,而是作为一种心理震慑,让孩子明白某个行为是错误的,做了错事就需要承担后果,会受到惩罚,这样一来孩子就会有所忌惮。

其次，在实施惩罚之前，我们还要明白一点：罚，是为了建立规则，而不是为了让父母发泄负面情绪。

我个人极不赞同用早期行为主义的主张去"驯化"孩子，把孩子当成机器和动物去训练。但是，去其糟粕，如果能将行为主义中提到的"强化与惩罚"的教养方式，适当加以运用，也会有一定的效果。

当然，这里要讨论的是科学心理学，那么，惩罚的科学性在哪里呢？就在于即时惩罚永远最奏效。孩子一犯错就受到惩罚，他就能牢牢记住到底错在哪里，容易建立惩罚和错误行为之间的联系。因此，如果家长赞同惩罚的教养方式，那么在孩子犯错的当下就要做出惩罚；如果当时不方便惩罚，回家后家长仍要惩罚孩子，那么在惩罚前一定要清楚地列出孩子的问题。我不赞同秋后算账或者翻旧账的惩罚方式，尤其是针对低龄幼儿，因为他们的记忆系统还不牢固，间隔惩罚效果甚微。

惩罚并不是目的，或者说让孩子害怕被惩罚并不是我们的最终目的。让某种不被希望的行为更少出现，让孩子明白社会规则是如何运行的，才是惩罚的目的。如果孩子只知道害怕被惩罚，却不知道自己错在哪里，那么这种惩罚就是无效的。

··惩罚是为了建立规则，而不是发泄情绪

有人可能会问，惩戒不会给孩子留下心理阴影吗？毕竟很多父母都懂得"爱与自由"在亲子关系中的重要性，对于糟糕

的亲子关系造成的恶果非常忌惮。关于惩戒，我个人的观点是：

第一，我们的孩子并没有我们想象中的那么脆弱，自然界是物竞天择、适者生存的。溺爱孩子、不加管教，并不是"无条件的爱"，而是"无底线的爱"。

第二，惩罚和管教孩子时，家长自己不要带有激烈的情绪反应，要保持平静、稳定的情绪状态。成年人不该因为自己的暴怒惩罚孩子，而是应该以严肃且冷静的姿态，将奖惩制度和规则意识传达给孩子。同时，家长的激动、愤怒或压制等情绪反应本身就容易引起孩子的对立和反感情绪。

曾经有位家长告诉我，她从来不打骂孩子，她都是用爱来感化孩子的。我深入了解之后发现，孩子不顺着她的意愿时，她会表现出大悲、大喜、大嗔、大怒的情绪状态，做出扇自己耳光、赌气不吃饭、一整天不说话，或是向孩子哭诉"如果你不好好练琴，那我活得就没有意义了"之类的行为。这种用情绪操控孩子、用情感绑架孩子的行为带给孩子的童年阴影，可能比"惩罚"本身更可怕。

我们应该明确这样一个前提：惩罚要对事不对人。就算孩子做错事要接受惩罚，父母也应做到不辱骂、不贬低，不减少对孩子爱意的表达。父母规诫时，应该让孩子明白："之所以惩罚你，不是因为我的满腔怒火需要发泄，也不是因为你是坏孩子，更不是爸爸妈妈不爱你了，只是因为你做了不对的事情。"惩罚的目的是给孩子建立规则，而不是发泄自己的糟糕情绪，如果家长做不到这一点，建议在管教孩子之前先学会管理自我的情绪。总而言之，在教养中如果要对孩子做出惩罚，应该遵守这样一条基本原则：国有国法，家有家规，为了让你更好地遵守社会规范，成为遵纪守法、恪守道德的公民，我有教导你的义务，也要帮助你成为更好的人。

··什么事该罚，什么事不该罚

了解惩戒的科学原则后，还有更重要的一点，即明晰哪种情况下应该对孩子进行惩罚，哪种情况不该做出惩罚。

我们需要明确，很多在成人眼中的异常行为，可能恰恰是儿童在某一发展阶段的正常反应。父母无须用成年人的价值判断和道德标准去评判孩子的行为，只需要耐心地引导他们认识并理解这个世界的规则即可。

我收到过很多关于亲子相处的询问，其中有个问题是这样的：

> 张教授，我家女儿真是没法带了。晚上教她背儿歌，她第三句和第四句不会，我就只读这两句。她立刻有情绪了，问我"为什么不从最前面开始读"。我说前两句你已经会了，我们抓紧时间拣不会的读。她说不行，一定要从第一句开始。好吧，那就从头开始读吧。但是我重复读了三遍，她压根不吭声。我说你倒是跟着读呀，她却回答我她是在心里读的，接着就开始无理取闹地哭喊……
>
> 看时间不早了，我说该睡觉了吧。她就不肯，问我为什么要洗脸，为什么要刷牙，为什么要上厕所，为什么要睡觉……我被问烦了，就不搭理她，打开电视机去看新闻。

当时，电视里正在播放中国国际进口博览会封路相关的新闻，她心情突然又好了，插嘴问为什么要封路，接着就自己去刷牙洗脸了。这孩子是不是有什么毛病？我真不明白她为什么这么多变……

这个案例展现出了很多孩子身上常见的"问题"，具有共性。这些"问题"在成年人看来不可理喻，但对正处于儿童阶段的孩子来说，都是可以理解的。比如孩子执意从第一句开始朗读，可能是因为她正在经历秩序敏感期，该阶段会出现孩子执意要按照某种秩序来行事的现象，否则就大发脾气。与此同时，因为前额叶发育尚未完全，儿童的情绪控制能力比成年人要弱。这个案例中，女儿由于阅读秩序被妈妈打乱而崩溃大闹，之后表现出刷牙、洗脸和睡觉都不配合等一系列反常行为，都是因为她处在情绪尚未平复的状态中。

还有一些儿童正常阶段性特点，成年人似乎无法理解，实际上是很正常的：

> 叛逆期——孩子成长过程中一般会出现三个明显的叛逆期（2~3岁、7~8岁、青春期）。该时期的孩子经常会表现出"你说东，我非得往西""你越不给，我越要得到"的情况，这正是孩子自我意识发展的表现。
> 秩序敏感期——2~4岁的孩子有时会出现必须按照某种规则或秩序来行事的情况，否则就会大发脾气。
> 完美敏感期——发生于2~5岁，表现为孩子做事情要

求完美，比如给他的饼干必须完整无缺，如果有裂缝或者缺角，孩子就会拒绝甚至哭闹。

撒谎期——4~5岁的孩子可能出现说谎的现象，但这正是孩子的共情能力、认知能力和执行控制能力飞速发展的体现。谎言又区分为"白谎"和"黑谎"，对于无伤大雅甚至是善意的"白谎"，大可不必上纲上线；对于损人利己的"黑谎"，则必须立即纠正。

秽语关键期——该时期的孩子（一般在3岁左右）会模仿成年人说脏话了，因为他们开始察觉到自己的语言具有"力量"，能引起他人的反应。大人的反应越是激烈，他们会越来劲。此时大人应当注意言行，以身作则，并且在听到孩子说脏话时无视它，效果反而会更好。

如果孩子处于上述关键期而出现"不可理喻"的行为表现，家长不必过分警惕，规范、管教和纠正当然是必不可少的，但是在引导之前不要自己先焦虑或情绪失控，用平常心对待即可。

在孩子无理取闹时，首先可以转移其注意力。比如前面的案例中，妈妈开始去看电视时，孩子也关注到封路的新闻，无形中转移了注意力。如果孩子比较倔强，转移注意力的方法无法奏效，可以试试冷处理，比如案例中的这位妈妈提到"我被问烦了就不搭理她"，这样可以让孩子冷静下来，他们会自己找台阶下的。

如果孩子的行为并非以上原因所致，而是违反原则性的问题，例如一不顺心就撒泼打滚，欺负其他小朋友，等等，那么以教育为目标的适当惩戒则是有必要的。

当然,话又说回来,育儿是一个复杂而宏大的系统工程,但任何育儿问题万法归一,关键点都在于良好的亲子互动和亲子陪伴,如何给孩子建立赏罚分明的规则世界只是其中的一小部分,如果亲密的亲子关系并未建立,仅凭一招胡萝卜加大棒式的"强化与惩罚",难以行之有效。

管教是为了引导孩子敬畏规则

前文所讲的如何科学地惩戒孩子，引发过很多读者的讨论。有认同的，也有持反对态度的。其中，持反对观点的读者表示：

> 不同意"惩罚是建立规则"的观点。为什么建立规则一定要用惩罚的方式？奖惩是最无用的，它会降低孩子做事时内在动机的积极性，是家长认为孩子学不会为自己负责的一种体现。
>
> 没有一个儿童在被惩罚时是乐意的、舒服的。所谓的惩戒一定会损害孩子的人格健全和身心健康。
>
> 惩罚孩子不是在教育孩子，它的根本动机就是想控制

孩子并发泄自己的情绪。

大家拥有不同的观点，这是非常正常的。因为没有任何一个"专家"的话，应该被大家奉为圭臬。正如孔子所说的"因材施教"，任何育儿建议，都要结合孩子的实际情况来具体分析，没有哪种理论是适用于所有孩子的，所谓"专家建议"也只是提供一些新思路。

有人反对惩罚孩子，我完全理解。但是如果孩子出现不良行为，父母仍然坚持倡导全然不惩罚的管教方式，认为"奖惩无用"，这种论调我并不赞同。

我在很多文章中强调过内在动机的重要性，要呵护孩子的内在动机，但也不能因此走向另一个极端——全盘否定外在动力的制约和促进作用。一个人全凭内在动机驱动前进当然是理想化的状态，我们的确要保护好并尽力去发掘这份内生力量，但这并不代表着要完全排斥外在力量。

即使是成年人的世界，也始终受到奖惩制度的约束，更何况是相对缺乏理性思考能力和自我约束力的儿童。诚然"没有一个儿童在被罚时是乐意的、舒服的"，就算是成年人比如因为闯红灯违反交通规则而被罚款时也是不乐意的，违反公司规章制度而被扣奖金时也不舒服……成年人犯错也会受到惩罚，为什么会有人认为儿童可以享有做错事不被惩罚的特权呢？

所有失去奖惩制度约束的行为，将不利于个体羞耻感和荣誉感的形成。当然也不排除有人天生具有强烈的荣辱观，不需要管教，但这是极其理想化的状态。而没有羞耻感和荣誉感的人,又何来自我约束呢?

那么,孩子的哪些行为应该予以惩罚?我认为主要包括:明显违背社会价值观、道德观(打架斗殴)甚至法律法规(偷盗)且有可能造成严重不良后果(玩火纵火、高空抛物)的行为等。

有些人认为,惩戒必然伴随着家长负面情绪的发泄,伴随着家长对孩子的控制欲。这种观点其实已经框定了惩罚只有一种极端的形式,即一个暴君式的恐怖家长,利用自己作为成年人的力量优势,使用殴打和辱骂等暴力方式,压制弱小得无处可逃的孩子,从而达到让孩子害怕自己、无条件服从自己、乖乖听话的目的,也就是控制孩子。

那么,有没有可能存在另一种情况的惩戒?例如,孩子并不惧怕家长,平时的相处温馨有爱,但他做错事时,父母会采用以教育为目标的惩戒方式来对待他。他知错就改并且在生活中懂得敬畏规则,但同时没有因此而惧怕父母,依然敢于质疑父母的权威,坚持自己的主张。

有没有这种可能呢?

有些读者认为"爱与自由"和"适度惩戒"是非此即彼、二元对立的,二者之间不存在中间地带,但实际情况并非这样极端。

我有一位忠实读者,曾写信向我反馈她在教养中的表现:

> 没生孩子之前,我也和反对张老师的网友们一样绝对,完全主张爱、自由与平等。直到后来生了个小魔头,才发

现完全行不通啊!他们(以及从前的我)太高估孩子的理智了。

我的孩子有一段时间特别喜欢殴打周围的小朋友,问题非常严重,无论我们怎么教育、讲道理都无济于事。我有过小时候被父母打骂的经历,因此留下了严重的心理阴影;我也阅读了很多心理学的书,专家都说惩戒会有害孩子的身心健康。这让我更加坚定了做一个温柔妈妈的想法,不去破坏孩子心中理想妈妈的形象。

有些小孩只要妈妈一个眼神瞪过来,立刻就老实了;但我的孩子根本不怕我,我真的做不到用一个眼神就让孩子害怕。

后来,我读到张老师《以教育为目标的适度惩戒》这篇文章,佩服得五体投地,三更半夜把那篇文章反复读了好几遍。

首先,我明白了原来并不是完全不能惩罚孩子,也不是偶尔惩罚就会伤害孩子的身心健康;其次,我心里对"惩罚"的目的、作用和具体操作中的注意事项,都更明晰了。

针对孩子打人的情况,我也对具体问题进行具体分析。有些情况不应该惩罚,比如其他小朋友抢了他的玩具,他情急之下动手打了人,我就教给他更好的人际相处方式;有时候是他不讲理、欺负人,我会在惩罚之前先把道理讲清楚,告诉他任何人做错事情都要受到惩罚,如果成年人随意殴打别人,会被警察叔叔带走处理,但是警察叔叔不抓小朋友,所以我要代替警察叔叔来实施惩罚。

从此以后,他动手打人的情况改善了很多。我仍然是那个爱他的、他一点都不怕的温柔妈妈,但是他也学会了遵守规则,懂得了违反规则的人理应得到惩罚的道理。

这位读者领会了我所传递的理念:约束和管教的目的,并不是要让孩子害怕父母,而是引导孩子敬畏规则、敬畏法律。至于她信中所提到的瞪一眼就能让孩子立刻老实的家长,说实话并不值得自豪。因为大多数情况下,有些孩子只是畏惧父母,却并不懂得尊重法律和规则。

有些家长对孩子的管教密不透风,孩子对父母也惧怕得很。可是一旦离开了父母的掌控,开启独立的求学生活,孩子内心的叛逆因子就会变本加厉地疯狂反扑,会做出各种漠视规则、违反制度的行为,例如迟到早退、逃课作弊、打架斗殴、夜不归宿,等等。

我完全理解对惩戒持反对意见的读者,他们认为的惩罚是伴随着人格侮辱、精神虐待和暴力殴打的,这种形式的惩戒必然会严重伤害孩子的身心健康,影响他们的人生,甚至危害社会。

但是也不能因此就矫枉过正,否定惩罚的作用,惩罚不代表一定要做出伤害。爱与自由必须伴随着规则和约束,所以管教惩戒与爱护子女并不冲突,甚至可以说适当的惩戒是符合教育目标的,也是必要的。

孩子只吃西瓜心和草莓尖并不是自私霸道

有位朋友向我提问道：

> 我最近关注了一些育儿类自媒体账号，其中有位博主说，孩子吃草莓只吃草莓尖，吃西瓜只吃中间最甜的心，吃包子只吃馅儿，妈妈则吃剩下的部分。这样的孩子长大后会自私、懦弱又蛮横，不懂得和别人分享，一旦发现同学不顺着自己，就不愿意上学；发现男/女朋友不依着自己，就会闹分手。
>
> 看了这则分享，我留言回复我4岁的女儿现在就是这样的，吃草莓喜欢挑尖儿吃，吃西瓜喜欢吃中间的瓤，把剩下的留给我吃。结果，评论区里都是骂我的：有的说我女儿没教养、我不配当妈，有的说遇到这样的孩子就要狠狠

地打;有的还说我女儿天性坏,等我老了就知道后悔……我现在很惶恐,我真的做错了吗?这么小的孩子,大道理也讲不通,我也不想打孩子,这该怎么办?

孩子挑食的确不好,但我们也不要轻易给孩子贴标签。首先,孩子吃东西只挑好的部分吃(尤其是和他人分享食物时),在社交习俗中确实是一种不礼貌的行为,家长需要纠正孩子,告诉他们这样做不符合社会规范。但我们也不能因此就给孩子贴上"自私蛮横""不孝顺""天性坏"的标签,因为这其实是一种动物本能。

在自然界中,食物具备甜、香、红、美等特质就意味着果实成熟、新鲜、无害,意味着可以食用、中毒风险较低(一些反进化的食物除外,比如毒蘑菇)。

为什么美食要讲究色香味俱全?因为人类在进化中通过不断地甄别食物,总结出了不好吃、不好看的食物与未成熟、腐坏变质、有毒是相关联的,可能会带来呕吐、中毒甚至死亡等严重后果,这种认知已经刻入我们的基因中,逐渐演化成为一种本能。挑选色香味俱全的食物是人的天性,如果摆上来的食物黑乎乎、烂糊糊,或是荧光蓝、荧光绿之类奇怪的颜色,看着就没胃口,像有毒食物,那么即使它安全又美味,也很难激起人们的食欲。

儿童的免疫系统不及成人完善,相较而言他们吃错东西要承担更高的风险,因此他们的味蕾也会进化得更加敏感。经过长期的进化,儿童逐渐选择香甜新鲜的食物以确保安全,因而显得比大人更为挑食，这也是趋利避害的自然选择。

为什么成年人在吃东西的时候懂得不挑最美味的部位呢？这是因为成年人具备社会性。成年人当然也知道草莓尖和西瓜心好吃，但是他们会遵守约定俗成的文化礼仪，知道不能独占美食。而根据柯尔伯格道德发展阶段理论，处于"前习俗水平"（详见第80页表1）的儿童，还不具备这种道德观与社会规范意识，因此不能过早地给孩子贴上"坏孩子"的标签。有读者可能要问："照你这么说，是不是孩子'吃没吃相'，就随他去？"我当然不是这个意思。孩子的行为需要纠正，但应该遵循"对事不对人"的原则。家长可以告诉孩子"这种行为是不礼貌的"，但不要说"你是个坏孩子"，也不要威胁孩子"你这样我就不爱你了"。

我也不赞成家长自己只吃鸡头、鸭脚，把美味且高营养价值的鸡翅、鸭腿等留给孩子独享，因为美味的食物就应该全家人一起分享。很多事情，如果家长不告诉孩子，孩子是真的意识不到事情原本不该是这样的。比如，我家孩子两岁的时候，曾经很认真地把过期奶粉当作宝贝一样留给我喝，因为他真心以为我喜欢喝他的过期奶粉。

只要涉及儿童教育的方式，切记就事论事，不要轻易定义对方，尤其是不要轻易给对方贴上种种羞耻的贬义标签（"自私霸道""品性差""缺教养"），更不要动辄诉诸武力——成年人在亲密关系中也应遵循同样的沟通逻辑。比如让孩子收拾玩具，告诉他"玩具要自己收好"即可，而不是指责他"你看家里乱的，一看你这孩子就没教养"；又如教育孩子吃西瓜不能只挑中间吃时，只需要告诉他这种行为在社会规范中是不礼貌的，而不要扣上"你这么嘴馋、自私贪心，将来也指望不上你孝顺我"这类的帽子。

教育中出现问题，一定不是因为爱

有人认为"今天你顺着孩子的意思让她吃草莓尖，明天她就会因为同学不顺她的意而不想上学"，这是典型的滑坡谬误。

这和"小时偷针，大时偷金"的性质不一样。因为"偷针"和"偷金"的本质都是"偷"，只是尝到甜头之后的犯罪升级。而"挑食"和"不想上学"之间存在本质上的区别，在"吃草莓"上让步，不代表家长在所有事情上都会无原则让步。

我们家就曾经历过一场类似的小风波：外婆心疼外孙，想把嫩排骨留给孩子吃，鹿老师表达了这样会宠坏孩子的担忧。

为此，我悄悄问她："你小时候，妈妈也是这么对你的吗？"

鹿老师回答："是的，她会把鸡翅、鸡腿、西瓜心都留给我。"

"那你被宠坏了吗？并没有。你也会把鸡翅、鸡腿分给家人，把西瓜心挖出来留给我们。为什么？"我问道。

她想了想，说："因为把好吃的东西分享给爱的人，我看着就很开心。"

我肯定道："这就对了。从小妈妈把好吃的留给你，你从中学到的并不是'谁都该让着我'，而是'好东西要分享给爱的人'。妈妈不但没有宠坏你，还教会了你怎么表达爱。而你呢，嘴上说着怕宠坏孩子,实际上也会不自觉地把好东西留给孩子,告诉他'妈妈爱你,想把这个好吃的留给你尝尝',同时还会给他一个吻;孩子现在也学会了把自己很宝贝的东西留给你,然后还要给你一个吻。"

所以,教育孩子的过程中如果出现了问题,那一定不是"爱"导致的。

如果你给孩子吃西瓜心,同时在其他方面都纵容、娇惯孩子,不予管教,那么孩子学会的就是"所有人都应该让着我,好东西都应该先给我";但如果你把西瓜心留给孩子,在给予爱的同时,做到循循善诱、严格要求、以身作则,那孩子学会的就是表达爱的方式,就是感恩、谦让、宽容和爱。

回到开篇这位朋友的疑问:"我真的做错了吗?"

其实,问题的关键并不在于教条地信奉"不让孩子只挑草莓尖吃"是正确的,"给孩子吃了西瓜心"一定是错误的。教育孩子没有标准的做法,关键在乎平时对孩子一点一滴的灌输。

至于那些只根据"让女儿吃了草莓尖、西瓜心"这一孤立事件就谩骂案主女儿"没教养",认为她"不配做母亲"的人,我认为他们是狭隘的。我们不能单单通过生活中的某一件事情或某个细节,断言某个孩子一定教不好,一定会被宠坏;也不能从孩子某个不好的行为,片面地推断出这是"由着她吃草莓尖"和"打游戏学坏"造成的。

教育是系统工程,惯坏一个孩子不是"某一件事"导致的;要教好一个孩子,也不是"做好这一件事"就能成功的;好的行为或坏的行为,都是由桩桩件件、方方面面共同作用而成的。

避免情绪对峙，正确引导孩子的是非观

我家孩子4岁半的时候，理想是当一名建筑工，所以他经常在家进行各种"施工"作业，包括和水泥、搭房子、铺管道等。

是日，他让我在他的管道上写上"禁止触摸"的字样，严禁别人破坏他的劳动成果。结果鹿老师从卧室出来坐在沙发上，不小心碰散了他的"工程管道"。他立刻生气道："坏妈妈！你毁了我的管道！"鹿老师马上道歉："对不起，妈妈不是故意的，我可以帮你一起修好它。"

"对不起也没用！已经修不好了！"孩子不依不饶，崩溃地大吼大叫，并且一掌拍在妈妈身上："妈妈做坏事，要惩罚妈妈！"

鹿老师也生气了，当即呵斥道："沙发本来就不是用来堆玩具的，是用来坐的。妈妈已经给你道歉了，答应给你修好，你竟然还敢动手？"

这时候娘儿俩都在气头上，我没有轻易介入。等他们冷静之后，我把鹿老师拉到一边，笑着问她："你记得上次我把你的包压扁了，你也很生气吗？"

她怒道："你还敢提包的事！"

"在孩子心中，玩具管道的重要程度不亚于包包在你心中的地位。"我提醒她。

鹿老师道："我是他妈妈呀，晚辈怎么能跟长辈动手？这不是大逆不道吗？"

很多人肯定也认同鹿老师的观点，孩子动手打家长就是大逆不道。在这件事情上，对孩子进行观念教育、行为纠正以及适度惩戒的确是有必要的，但我不认同过早地给孩子贴上道德层面的标签，成年人更不必与孩子进行情绪的对峙。

··4岁儿童没有成人世界的道德规范、伦理纲常的概念

当然，你可以简单粗暴地把这件事解释为：他是个"熊孩子"。但其实，这个案例中有更重要的心理学问题值得探讨——儿童的道德发展阶段。

所谓道德发展，是指人们在公正感、对正确与否做出判断的意识和能力方面的增长变化。

发展心理学家劳伦斯·柯尔伯格提出了儿童道德发展的三水平理论"柯尔伯格道德发展阶段"（见表1）。根据这一理论，

4岁的儿童正处于"前习俗水平"。

表1 柯尔伯格道德发展阶段

发展水平	发展阶段	"好"行为的标准
前习俗水平	阶段1：以惩罚与服从为定向	避免惩罚，无条件地服从权威
	阶段2：以相对功利为定向	满足自己需要，有时可以满足别人的需要
习俗水平	阶段3：以"好孩子"为定向	能够得到别人赞许的行为
	阶段4：以遵守法规和秩序为定向	尊重权威，维护社会秩序
后习俗水平	阶段5：以社会契约和个人权利为定向	既尊重法律，也认为法律是可以改变的
	阶段6：以原则或良心为定向	根据良心做出的行为

处于"前习俗水平"的儿童，虽然具备了初步的辨别是非能力，但他们并不是根据常规的道德准则或社会期望来判断对错的，而是根据"行为的直接后果"。处于该水平的儿童会经历一个典型的阶段——"天真的利己主义"，即完全依据自己的喜好，只以"是否能让我快乐"这一标准来评判行为的好坏。

一个人在"前习俗水平"甚至"习俗水平"展现出的道德观念，往往都不是他最终的道德水平。最终的道德水平，更多的是在"后习俗阶段"形成的。

换言之，4岁儿童并没有成年人世界的道德规范、伦理纲常的概念，所以在他们看来，"儿子打爸爸"和"爸爸打儿子"这两者并没有区别，也不会在内心对自己进行"道德批判"。

在他们的认知范围内，满足自己需要的行为就是正当行为，他们更为关心的是如何避免痛苦。在鹿老师碰翻了孩子"工程管道"的事件中，从出发点为自我中心的儿童视角来看，这自然是"不正当"的——因为妈妈破坏了他自我满足的行为，给他带来了痛苦。由此，孩子推导出妈妈的行为是不正当的，她应该受到惩罚。

由此可见，对于4岁孩子"打长辈"这类行为，我们不必大惊失色，也不必急于贴上"不孝"的标签，而应在孩子冷静之后教导他长幼有序、尊重父母的道理。如果家长要对孩子做出惩罚，当然也可以，但需要注意避免在双方情绪对立的当下火上浇油，而应在双方情绪稳定后寻求建立规矩的契机。

朋友圈曾有人转发文章说"3岁孩子以自我为中心，不敬长辈，是不孝的警报信号"，看到这些胡言乱语我大惊失色。3岁的孩子刚刚有了自我意识，但还没有长幼有序的概念，出现这些行为表现完全正常。正因为孩子不懂、没概念，所以才需要家长引导教育，而不是给孩子罗织"忤逆不孝"的罪名。这类危言耸听、贩卖焦虑的做法，既不懂科学也不懂教育，反倒迎合并助长了大众的"厌童"情绪。

·· 低龄儿童不会分辨"故意"和"无意"

除此之外,我们还需要探讨一个问题:为什么妈妈道歉后,孩子会不依不饶?原因如下。

根据著名的发展心理学家皮亚杰的道德发展阶段理论,4岁儿童正处于"他律阶段"(详见第203页表4)——在他们眼里有且只有一种正确的行为方式,人们必须严格遵守,一旦有人违反规定,就必须受到惩罚。他们还无法考虑其他因素对行为的影响,例如妈妈是无意的、沙发是给人坐的。

皮亚杰曾经做过这样的研究,他给儿童看了两则故事:

> 故事一:小男孩约翰的爸爸妈妈叫他去餐厅吃饭。餐厅门后放了一张椅子,椅子上放了一个托盘,托盘里有15个杯子。约翰根本就不知道门后有这些东西,所以在推开门的时候碰翻了托盘,摔碎了15个杯子。
>
> 故事二:小男孩马塞洛趁妈妈不在家时,从高高的碗橱里偷果酱吃。因为果酱放得太高够不着,所以他爬上椅子伸手去拿,结果碰翻了1个杯子,杯子碎了。

皮亚杰要求儿童去判断哪个小男孩应该受到更严厉的惩罚。

实验发现,处在"他律阶段"的儿童(4~8岁)认为,摔碎15个杯子的约翰要比摔碎1个杯子的马塞洛接受更严厉的惩罚。相反,已经度过"他律阶段"的孩子(8~12岁)则判断,马塞洛应当受到惩罚。这是因为8~12岁的孩子已经学会考虑行为背后的意图:约翰是因为父母的失误而打碎杯子,他是无意的;

而马塞洛是为了偷吃果酱这一主观动机打碎了杯子。

所以，低龄儿童有自己的判断体系，不懂得分辨"妈妈是不是故意的"，也不懂得分析"沙发该不该用来摆放玩具"。这并非孩子没有教养、自私霸道，而是因为其大脑还没发育完善到懂得这些道理的阶段。

··不要仅从成人视角去判断儿童的动机

鹿老师曾经和我讲过《聊斋志异》里《贾儿》的故事。

> 从前有一个贾儿（商人的儿子）很淘气，天天在家里鼓捣砖头瓦片，撒尿和泥，砌墙糊窗，把家里弄得不成样子，谁要动他一块砖，他就撒泼打滚耍无赖；上了大街要买狐狸毛，不买就满地打滚，不起来；回家后又偷舅舅家的耗子药，不吃饭不睡觉，沉迷于自制毒酒。结果事情的真相是，孩子爸爸在外经商，妈妈独自在家被狐狸精缠住，病倒了，他天天鼓捣那些东西是为了抓住狐狸精。

故事虽然夸张，但道理是相通的：孩子眼中的世界和大人看到的是不同的。贾儿在家用砖头堵住窗户，是因为他要抓狐狸精；我家孩子在沙发上搭房子、铺管道，是因为他在建设"市政大工程"。从成年人视角来看，这些统统只是游戏，但在孩子心里，他们是认真地在做一件重要的大事。因此，我们在判断孩子行为的对错时，不能仅以成年人的准则和规范作为标准，还要结合孩子的动机和意图。

如果以成年人的世界观和处事准则跟孩子讲理，结果往往是鸡同鸭讲的无效沟通，除了会让双方情绪更加激动，并不能起到很好的管教作用。

·· 为什么家长不要"火上浇油"

由于儿童前额叶发育还不成熟，孩子的情绪控制能力往往很差。成年人看来很微小的事情，却足以让孩子情绪崩溃，而且他们难以在短时间内从崩溃中冷静。此时，如果家长无法自控，以大吼大叫、打骂对峙等激动的情绪与孩子沟通，只会让孩子更加无法冷静，陷入持续恶性循环的情绪沼泽。

在冲突当下，建议家长给自己和孩子冷静的时间和空间，让孩子暂且远离刺激源，或者给予适当的安抚，帮助孩子转移注意力，为孩子恢复冷静创造空间。

双方都冷静下来之后，家长可以再讲道理或者进行惩戒，这样既不会在孩子情绪崩溃时"火上浇油"，也能避免父母带着情绪做出伤害孩子的事情。即使是惩罚，也应该在亲子双方冷静之后，再进行不伤害身体的惩罚。

给予孩子冷静的时间和空间并不是放任自流、不加管教，而是鼓励家长进行有效的沟通。如果家长和孩子之间只有情绪上的对峙，而没有展开有效沟通，那么最终只会适得其反，加强孩子的逆反心理，并不能帮助孩子理解世界的运行准则和社会的道德规范，甚至可能激化亲子矛盾。

孩子"打爸爸"是欠教育吗?

我曾提过,我家大宝喜欢在家里鼓捣"打爸爸器"。没想到,这引起了不少朋友的共鸣:"原来我儿子不是唯一一个整天想要打爸爸的!"还有人希望我能展示一下儿子的"研究成果"。那么我先介绍一下他的"武器装备"。

首先是"灵魂吸取器"。他声称这个"吸取器"就如同银角大王的宝葫芦一般,只要被喊名字时答应一声,"元神"就会被吸走!在爷爷的指导下,他还安装了一个吸气小装置,"宝瓶"靠近脸颊时,会呼呼地吸我的"元神"。第二件"武器"也出自《西游记》,是黄风怪同款风系法宝——将一根空心管接入小桶里,并在容器里装满沙子,这样对着空心管吹一口气就能制造飞沙走石的效果,迷住爸爸的眼睛。幸好,鹿老师禁止他往

"宝器"里面装沙子，所以此"阴谋"未能得逞。还有"辣椒水"，是他把家里所有剩余的辣味调料收集起来，再倒入水，混合搅拌在一起。这些都是他年龄稍小时制作的"武器"，那会儿他只是向我展示了这些"战略储备"，没有使用它们对付我，请大家不要误解或模仿。

稍长大后，他的"打爸爸器"技术也更新迭代了，以前都是假的，是闹着玩，还需要我配合他演戏。现在我可真要提防着，以防他突然就猫在某个角落对我放"暗箭"，例如"豌豆射手""暴雨梨花针""棉签弩"等。为了设计"打爸爸器"，他甚至还画了设计图纸！比如，"豌豆射手"是把两个矿泉水瓶的瓶口锯下来合二为一，一侧瓶盖上钻两个孔，一个孔焊接上从爷爷的废旧打火机上拆下来的压电陶瓷，另一个孔里插上管子用来装"子弹"（小区里捡来的植物果实）。使用时打开另一侧的瓶盖，朝里喷几次酒精喷雾再拧紧，按动压电陶瓷，瞬间爆燃的酒精产生的气压会挤压出小果子，就可以对爸爸发射"子弹"啦！

也许有人要举手问了，为什么孩子（尤其是男孩）这么热衷于"打爸爸"？

·· 俄狄浦斯期，儿童早期的依恋心理

西格蒙德·弗洛伊德认为，3~6岁的儿童会进入第一恋母情结时期（又称"俄狄浦斯期"）。这是儿童初步认识父母关系、形成自我意识和自我家庭地位意识的时期，所以这个年龄段的孩子（尤其是男孩）总想反抗父亲、打败父亲，占据父亲的位

置，与父亲争夺家庭地位，获得母亲的关注。

谈到"恋母情结"，大家不必闻之色变。儿童早期出现的这种恋母情结，并非成年人伦理意义上的恋母，而是幼儿依恋母亲的一种表现形式——这是非常正常的，父母应该帮助孩子顺利地度过这个时期。

如果父母感情和睦，同时对孩子的依恋心理加以良性疏导，孩子对父亲的对抗心理便有可能转变成以父亲为榜样，模仿并学习父亲的优秀品质，再逐渐实现超越，完成另一种意义上的"打败父亲"。

·· 自我意识觉醒，通过嬉戏行为表达爱意

其实"打败爸爸"只是一个表象，背后的内核是孩子自我意识的唤起，孩子越来越意识到"我"的重要性，时刻需要宣告"我"的存在。那么，如何宣告呢？打败家里他认为的最有权威的人（如同猴群的猴王），这也是孩子追求卓越的一种内在动机。

因为父亲往往会按照自己认为的最好方式教育和塑造孩子，而孩子在逐渐拥有了自己的思想和意愿之后，又会试图摆脱父亲对自己人生的设计和掌控，以彰显自己的独立性。所以，儿童内心都有战胜父亲的梦想，而且他们往往都是将父亲打败之后，才能完成自己的成长。

那么，"暴力"不该制止吗？有人对我和孩子的这种互动方式产生了质疑："这难道不是一种危险的错误教育方式吗？不是在教孩子学会使用暴力吗？"回答这个问题前，我们首先要区

分游戏行为和暴力行为。如果是暴力行为，会让孩子感到焦虑、不安和恐惧，而游戏行为则是一种有爱意流动的相处方式，和暴力并不沾边。

不仅是人类，动物之间也会用假意打闹的嬉戏行为来表达亲密和爱意，比如轻轻地咬、追、扑、挠等。成年动物还会通过这些嬉闹行为向幼崽传授捕猎等生存技巧和经验。人类也是同理，在"闹着玩"的过程中可以教会孩子很多技巧、知识和道理。

对于孩子"打爸爸"的行为，应当分情况具体对待，如果属于游戏性质，就没有必要上纲上线，好好引导即可。

··权力距离

不过即使如此，有时候听到孩子叫喊"坏爸爸"，"臭爸爸，看招"时，我难免会有点伤心。有时，鹿老师会在一旁提醒我复习"俄狄浦斯时期"，"自我意识觉醒，追求卓越动机"等概念。

我说："道理我都懂。老话说'君君，臣臣，父父，子子'，孩子老说打爸爸、臭爸爸，我心里有时候还是会有点委屈……"

"因为你就不是倡导'君君，臣臣，父父，子子'的老父亲啊！孩子表面上在吐槽'臭爸爸'，把'打败爸爸'挂在嘴上，实际上显示了你们之间的权力关系呀！"鹿老师一语惊醒梦中人。"他当着你的面都敢这么说、这么做，恰恰说明你给予孩子的爱是自由的，你们的关系是融洽的，你们之间毫无芥蒂。"鹿老师补充道。

实际上先不论爸爸在他心中到底好还是不好，但有一点可以确定：可以当着面直接说爸爸不好的孩子，在亲子的权力关系中是处于上风的，或者说至少是不落下风的（也就是平等的）——不管这种关系模式是因为孩子长大了实力渐长而占据的上风（也就是老话说的"翅膀硬了"），还是说因为从小就被疼爱而占据着上风。

亲子权力关系中处于下风的孩子，是无法当面挑战父亲权威的。如果爸爸真的很凶，或者孩子真的很讨厌、很惧怕爸爸，他是不会天天把这句话挂在嘴边的。

最后，鹿老师总结说："在我看来，'打爸爸'不是孩子向你宣战，他从来就没有真的伤害过你。这本质上是你们父子间的游戏行为而非暴力行为，是他向你撒娇的一种方式。"

我有点明白了：不同于孩子对妈妈表达爱意的直接，他和我这个父亲之间的关系有爱，有竞争，也有对立，但肯定没有隔阂，且他是不落下风的。不论是撒娇还是游戏，"向爸爸宣战""想要打败爸爸"始终是孩子和父亲之间的沟通方式之一。

说起权力关系，文化心理学中有一个常用概念——"权力距离"。心理学家、管理学家吉尔特·霍夫斯泰德认为，权力距离代表了人们对组织中权力分配不平等情况的接受程度，迁移到亲子关系中，其高低就代表了孩子对家长的绝对服从程度。在我们的传统文化中，亲子关系的权力距离是比较大的，即家长是家庭中的权威，往往孩子不得不接受家长所施加的影响。在一段权力距离过大的关系中，低位者（往往是孩子）和高位者（往往是家长）是无法进行有效沟通的，这无关乎低位者的情商或沟通能力的高低。

高位者需要低位者无条件服从，但其实随着低位者的知识越来越丰富，很多情况下甚至可能已经超过了高位者，这时低位者就需要进行权力的重新分配。但如果高位者仍然不愿意放弃权力，这可能就构成亲子矛盾的根源。

另一方面，如果低位者的诉求和情绪得不到满足，又无法反抗高位者，最终只能是通过内耗、自我攻击、消极抵抗、反生产行为（比如做事磨蹭、故意把事情搞砸），或者向更弱势者发起攻击进行发泄，就可能会造成一些情绪问题、家庭矛盾甚至社会问题。

因此，我顿悟了，我家没有"皇位"要继承，也不用担心"太子"谋反，与其纠结"父父，子子"，不如大方承认"打爸爸器"的存在。与其阻断，不如跟孩子一起研究怎么做好"打爸爸器"，没准孩子还能从中认识一个完全不一样的爸爸。

一天晚上睡觉前，我问孩子："你为什么总想打爸爸？"他答："因为爸爸懂我。"当时我没懂是什么意思，他也不肯言明。

后来有人告诉我，这个"懂"的意思是孩子认为爸爸应该会知道这是彼此之间的小游戏，不是真的"打"。这说明孩子在爸爸面前闹着玩会让他感受到安全感和松弛感，因为爸爸永远无条件地爱孩子，孩子不需要解释，不需要伪装，不需要察言观色讨好爸爸。依赖虽然是孩子的重要诉求，但战胜才是他们的乐趣所在呀！这回，我是真懂了。

第二部分

如其所是:
尊重孩子的个体差异
与成长规律

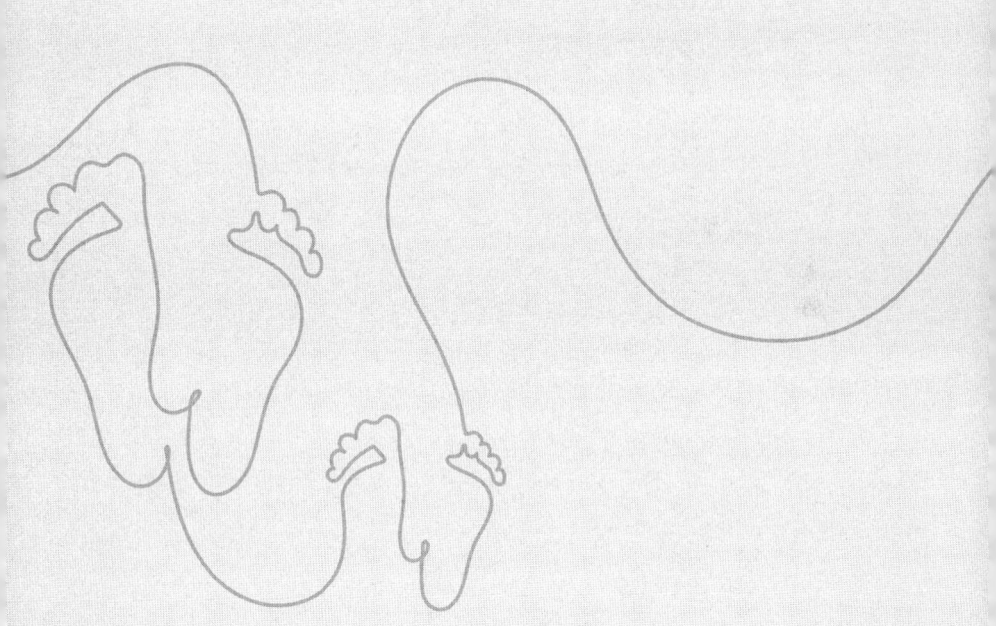

本部分侧重于讲述儿童认知发展的客观规律，通过对儿童关键发展性指标的介绍，引出了皮亚杰的认知发展阶段理论和道德发展阶段理论、维果茨基的"最近发展区"理论等心理学知识，帮助家长了解儿童的逻辑思维、个体认知、大脑发育等基础能力的发展规律，从而协助父母判断孩子的哪些行为符合现有阶段的特征，哪些行为是孩子现阶段做不到的，以找到适宜的支持策略。

学会甄别智力开发课的有效性

好几位身为父母的年轻朋友都问过我:"我最近看到好多闪卡训练课程的推广,感觉对孩子潜能开发很有帮助。报班吧,又怕是噱头,花了没有必要的冤枉钱;放弃吧,又怕它真的有用,万一人家都报班上课了,自己家娃就输在起跑线了。所以到底要不要给孩子报班呢?"

通过网络视频的宣传,我发现市面上的闪卡课大多数类似这样:闪卡老师以很快的速度唰唰唰地一边抽卡片,一边读出卡片上的名称,声称这样能够对孩子进行记忆、注意力以及其他能力的训练。

关于闪卡课的好处,培训机构的营销宣传一般如下:"儿童阶段,特别是6岁以前,是开发右脑的黄金时期。如果不加以科学训练，儿童长大之后就会变成彻头彻尾的左脑人，从而失去左右脑平衡和全面发展的机会。在高速、大量看闪卡的过程中，孩子会自动关闭左脑、打开右脑，进行图像的处理，这有助于培养右脑瞬间记忆的能力，同时创造左右脑的连接途径……"

"通过闪卡学习，快速培养孩子以下能力：提高悟性和情商，培养良好的学习能力，锻炼超强的知觉能力，挖掘独特的创造力，活化大脑细胞，提高大脑实物想象力和快速运算能力，活化眼部视杆细胞和视锥细胞，训练视觉影像记忆、瞬时记忆，增强照相记忆功能。"

下面我将从三个方面剖析上面这些内容：

··"闪卡训练"到底是什么？

市面上流行的闪卡训练也分不同流派。

第一种闪卡的正面是图形，背面则是图形所对应的名称。这种"闪卡"应该起源于20世纪70年代，由德国心理学家莱特纳提出，并从英国开始流行，是用于辅助教学的一种形式。

这种闪卡训练是在小卡片的正面写下问题或提示，在背后记下答案，并按照难易程度分组，用于记忆生词、历史事件、数理化公式等内容。这种多感官刺激、分组分策略的学习方式，的确可以在一定程度上辅助记忆。不过，这是20世纪70年代的学习方法。在多媒体教学时代的当下，各类辅助教学手段与记忆方法层出不穷，相比之下，闪卡的优越性并不明显。

第二种闪卡的正面是各种点,背面对应着数字。这种闪卡应该起源于20世纪60年代脑科学家杜曼的发明,用于帮助脑损伤儿童进行康复训练,而且该手段只是一系列训练中的一环。

这种闪卡训练曾被商家作为早教手段,在美国流行过相当长时间。随着接受过这类早教训练的儿童长大成年,大众发现他们并没有被发掘出特别的天赋和潜能,对这类训练的追捧热情也就逐渐消退了。

道理很简单,因为一般而言,针对器质性脑损伤儿童的康复训练,其原理是通过不断重复的强化训练,在多感官通道的刺激下,帮助患儿提高对外部刺激的接受能力——需要说明的是,该方法的有效性一直备受质疑。更何况对健康儿童而言,其大脑运作正常,没有必要接受这种训练,它宣称的提升智力、开发脑资源、挖掘潜力的功效更是无稽之谈。

由此可见,上述两种闪卡训练方式早已被时代淘汰。

··"开发右脑"之类的营销都是虚假宣传

有些读者可能会问,虽然传统的闪卡训练被淘汰了,但是现在推出的闪卡课程,万一是经过论证和改良的呢?我们怎么判断当下的闪卡训练对开发智力有没有效?

可以这么说,凡是提及"开发右脑""连接左右脑""训练左右脑平衡"的,都是虚假宣传。"左脑是理智脑,和数理化类学习相关;右脑是情绪脑,和文学艺术等感性的学习相关。"——这是我们曾经在课本上学到的知识,难道它不对吗?也不是不对,而是它不够全面和动态。

"左右脑分工"是 20 世纪 70 年代被提出的理论,在相当长的时间内很有影响力,但该理论的诞生距今已经快 50 年。随着科学的进步,脑成像技术手段不断地成熟与更新,我们发现将"左右脑有分工"理解为"左右脑需要分别开发"是一种误读。

以前,扫描脑部只能观察静息态下的成像,也只能看到某些瞬间脑区被激活,因此得出的结论也是片面的。但现在,脑部扫描技术可以进行动态的观察和监测,并发现人体任何一个动作的完成或认知的发展,哪怕只是走一步或认识一张小卡片,一定都伴随全脑的连接和协作。因此并不存在左脑或右脑需要完全单独开发的理论,更不存在开发了左脑就如何厉害,不及时开发右脑又如何落后的情况,因为左右脑本就不能分割开来进行单独开发。至于帮助孩子"连接左右脑""训练左右脑平衡"就更不可能了。因为脑部发育正常的人,左右脑天然就是连接的。

··训练"瞬时记忆"不能造就神童

我观看过一些相关的宣传视频,他们宣称经过培训机构的闪卡训练后,很多幼儿甚至婴儿能有效地记住图片上的内容。对此,机构的解释是:"闪卡是视觉通路的训练,快速大量地看闪卡,能够培养孩子的照相记忆能力,提高视觉记忆,开发瞬时记忆。"虽然他们使用了很多专业术语,但这番话其实并没有什么道理。

认知心理学研究中,通常将人的记忆分为三种:感觉记忆、短时记忆和长时记忆。其中,感觉记忆是刺激作用于感觉器官产生的一种短暂记忆或信息痕迹，如图像记忆、声像记忆等，时长通常在 1 秒钟以内，所以又称为"瞬时记忆"。瞬时记忆可能就是培训机构所说的"照相记忆"。瞬时记忆很容易消失，只有经过大脑持续的复习和深加工，才能进入短时记忆。

短时记忆一般时长在 1 分钟以内。比如，有一种常见的游戏是将卡片翻到背面，然后回忆卡片上的某个细节具体在什么位置，这里用到的就是短时记忆——卡片刚翻过去时人们可能还记得一些，但 1 分钟之后很可能就忘记了。

短时记忆如果不被复述或深加工，也会遗忘，只有经过复习、运用或深加工，它才有可能被输入长时记忆。长时记忆短则可以保存 1 分钟以上，长则可以成为终生记忆。只有进入长时记忆，记忆内容才可能被提取。

基于上述记忆类型的理论，就不难理解"闪卡训练"的原理——本质是通过不断的重复，将瞬时记忆转化为短时记忆，说白了就是一种机械的记忆训练。如果没有持续的注意力参与以及概念层面、特征层面的深加工，感觉记忆与短时记忆很难进入长时记忆。这是因为感觉记忆仅仅是视觉记忆、听觉记忆等的复述，其深加工水平很低。

同时，这种没有结合特征和概念层面的记忆，即使能够进入长时记忆，将来提取出来用处也不大。比如，你用正常的语速给 5 岁左右的孩子讲解天安门的图片，告诉他："天安门有 600 年历史，它是明朝和清朝的皇家城门，现在是首都北京的伟大地标。"通过对这段话的反复复习，这些概念和特征能进入长时记忆，当孩子真正来到天安门时，就知道天安门是什么，有什么特点与意义，继而引发更多思考。如果以闪卡训练的方式向1岁多的孩子迅速展示天安门的图片，即使孩子天赋好，图像也进入了长时记忆，他到5岁见到天安门时仍能提取出这段记忆："我在闪卡上见过，这是天安门！"可是然后呢？

卡片确实可以通过图形、色彩的刺激来帮助孩子记忆，但是也需要辅以正常语速的讲解，来帮助孩子理解记忆，仅仅依靠故弄玄虚的闪卡训练，不能达到"智力开发"的效果。

现在也有观点认为闪卡训练这种静止的视觉训练关闭了低龄儿童思维和运动的连接。这一观点虽然有一定的理论依据，但家长也不必过于担心。因为孩子的学习途径是多元的，并没有哪个孩子会只通过闪卡训练来认识这个世界，他们仍然有探索的机会，自主地建立思维和运动的连接。所以，如果家长给孩子进行过闪卡训练，也不必焦虑，它不会对孩子的发育造成巨大的不良影响，更多是浪费了金钱和时间。

不过可以肯定的是，闪卡训练并不能开发智力。真正能开发孩子潜能的是培养求知欲，放手让孩子去想象、探索，寻找孩子的兴趣所在，引导他们进行思考、分析和判断；而不是急功近利地开发左右脑，开展记忆训练。因此，建议家长们在面对"智力开发"类培训课程时学会甄别，选择真正能激发孩子潜能的课程。

如何识别不靠谱的"心理"课

鹿老师的一位好友向我们咨询一家注意力培训机构的课程是否靠谱——该课程宣称可以通过脑电技术和心理沙盘,达到提升儿童注意力、塑造积极性格和促进人格发展的目的,课程价格是折后5万多元。

我向她要来该机构的宣传介绍资料,发现他们是将真实的科学理论和科研成果,加上一些偷换概念的"阐释",打造出了一个看似厉害的产品推销给消费者。

··脑电技术真有神奇的功效吗?

该机构的宣传册称"脑电波是大脑皮层大量神经元突触后电位总和的结果,是一种生物电,它看不见摸不着,需要精密仪器才能被监测到"。这句话本身没什么问题,脑电波确实可以这么解释,但紧接着它又写道,"如果把大脑比作一个需要电力运转的机器,那么它所需要的电就是脑电波,脑电波对于各个区域的脑功能至关重要"。这段话纯属误导,因为脑电波只能监测脑区的活跃情况,并不能给大脑的运转"供电"。影响大脑功能的主要是能量(比如葡萄糖)的摄入,并取决于神经元的数量、神经元连接的情况以及神经元传递信号的效率。同时,该宣传册还提及脑电生物反馈技术被广泛应用于航天员、飞行员以及运动员的训练中,并将该技术被某知名大学医学部引进的情况作为"背书",甚至还在宣传册上将国家领导人参观某知名脑科学研究所的新闻照片作为配图……脑电生物反馈技术在各个领域的伟大应用确有其事,但它们和这家机构的课程并无关系。

··沙盘游戏有特殊功效吗?

首先需要说明的是,我并不否定沙盘游戏的作用。沙盘游戏类似一种投射测验,广泛应用于心理咨询和心理治疗当中,因为它具有游戏性、超越语言、投射无意识层面等特性,所以非常适用于儿童的心理咨询和治疗,它能帮助孩子发现一些未曾意识到或者表达不了的心理问题。

该培训机构关于沙盘的宣传语仍旧是巧妙的真假参半,将真实存在的沙盘疗法掺杂其他一些"功效"进行推销。比如,宣传册称沙盘游戏可以"培养孩子的安全感、自信心、人际交往能力和积极性格,从而促进人格的发展"。对有心理问题却又不会表达的孩子而言,沙盘游戏确实能通过疏解情绪、治愈创伤的过程来间接实现上述目标，但是对于身心健康的儿童，花费几万元的高价做这个游戏是否值得，我持保留意见。我认为该培训机构宣称的"安全感""自信心"等各种能力与健康人格的发展，完全可以通过健康的亲子关系，以及父母给予无条件积极关注、给予孩子充分的爱和引导来实现。

·· 家长该怎么分辨培训机构课程的真伪？

朋友问："我们不是这一行的，这些专业知识对我们来说真的很难分辨，要怎么避免'踩坑'呢？"以下几点鉴别建议，供大家参考。

首先，了解机构创办者的资质。

（1）了解创办者是否具有国家认可的从业资格。可通过"中国心理学会临床与咨询心理学专业机构和专业人员注册系统"官网[①]查询注册心理师的资质。

（2）了解创办者是否受过系统训练。所谓系统训练，主要是指经历了正规学院的专业硕士乃至博士的教育训练，也就是了解创办者的学历是否真实。比如我朋友所咨询的培训机构，其创办人头衔是国内某知名大学"脑认识科学研究院"的"催眠育儿法"专家。而据我所知，国内并没有"脑认识"的说法（一般称为"脑认知"）。但本着谨慎求真的态度，我特意咨询了该大学儿童心理学领域的朋友，得到的答复是他们学校并没有"脑认识科学研究院"，她从事了十几年儿童心理学研究，也没

---

① 注册心理师查询网址：http://www.chinacpb.net/public/index.php/index/index/zcrycx.html。

有听说过"催眠育儿法"。因此，大家可以根据培训机构提供的院校官方网站，核查机构教师或创始人头衔上所说的院系和专业方向是否真实存在。

另外，如果条件允许，可以多问问身边相关的业界人士。比如，有朋友曾遇到自称是国内某所顶尖高校应用心理学学士的"专家"后便向我求证，结果发现该高校应用心理学专业才刚开始招收本科生不久，当时还没有本科毕业生——尚未有毕业生何来学士？

其次，学会识别出那些容易过度营销与包装的概念。关于这一点，前文提到过，很多概念单独论述起来问题都不大，但有些过时的甚至是尚未过时的、心理学（脑科学）真实存在的科学概念，被断章取义、真假参半地进行包装炒作，就不靠谱、不严谨了。根据做自媒体多年各路朋友提出的疑问，我总结发现，但凡涉及以下概念的培训机构十之八九都存在过度营销，不可轻信，例如：低龄儿童（尤其是3岁以前）的社交力、闪卡训练、左右脑发展；脑电波监测、MBTI（Myers‐Briggs Type Indicator，迈尔斯‐布里格斯人格类型测验）、九型人格……其中，MBTI及九型人格在学术界争议较大。

最后，贩卖焦虑的很多都是伪心理学从业人员。如果你依旧无法识别，那么记住至关重要的一点：拼命向你贩卖焦虑的人，大概率不是真正的心理学专业人士。因为真正的心理学从业人员，其毕生所学所求都是为了降低人们的焦虑，真正帮助有需要之人。如果有人一直向你灌输，孩子不参加某个培训就跟不上同龄人，要被时代抛弃，要被竞争淘汰，要错过发育黄金期……记住，请远离他们！

警惕成为被贩卖焦虑的对象

我在前文中提到，近些年，市面上出现了不少以脑电、脑机接口为宣传点的商用产品，这些产品在学生群体中被推广，甚至有媒体对此进行报道。不少朋友看到新闻后，询问我这玩意儿靠不靠谱。

·· **这种工具可靠吗？**

我简单了解了事情经过，大概是这样的：这款产品宣称可以利用脑电图检测技术进行注意力的监控，用来实时监测中小学生上课听讲时的走神情况，并能够即时地将数据报告发送给老师和父母。再来了解下这款产品，它主要是利用"电极帽"收集脑电信号，但是这款"电极帽"中的电极非常少。通常而言,我们做实验的电极帽会有128个电极,它们能够覆盖整个脑区,以确保测量接收到的脑电信号足够准确。但是网络新闻中,学生佩戴的电极帽只覆盖了一小片大脑区域,电极也很少,到底可以测量到多少脑电信号,我对此存疑。

大概几年前,我和魏坤琳老师做过一场关于心理学科普的讲座,其中就提到过现在市面上以脑电、脑机接口为宣传点的商用产品,大多数都是营销噱头。这类产品可能存在以下两个问题:(1)信噪比可能过低,即噪声过大,得不到有效的信息;(2)对信号的解读也可能出现偏差,即你并不知道某种脑电信号到底是什么含义,例如某个信号究竟是表示注意力不集中,还是什么其他问题。

此外,即便是我们用的那种128导的电极帽,能够准确监测到一个人在某个时段中的脑电信号(包括专注程度),发现大脑很专注,那也难以判断大脑到底是在专注地听课,还是专注地回想电视剧的剧情。

··我们究竟有没有走神的权利?

退一步讲,假设这个监控大脑的"紧箍咒"确实能够准确而有效地监测到孩子在课堂上的注意力表现情况,那么它就是合理的吗?我想先谈一谈,我们究竟有没有走神的权利。

鹿老师曾说:"小时候我的老师常说'这孩子聪明着呢,就是不用功'。我觉得事实不是这样的,能长时间用功也是一种天生的能力。我要是用功一天,得连续休息好几天。"也有朋友对我说:"我利用一些记忆术,高度集中注意力,背了好多东西,结果接下来的很长时间都处于疲惫不堪、学不进去的状态。"还有朋友尝试打卡"自律的人生",每天将时间安排得满满的,坚持读很多书、写心得、学习新知识等等,结果他最后表示:"一个礼拜后,我就崩溃了。"这些例子都说明人的大脑是需要休息的,而且每个人的大脑需要的休息程度不一样。

"劳逸结合"的需求是由人的生理特点决定的。在面对压力的时候,我们的下丘脑-垂体-肾上腺轴(HPA轴)和交感神经系统会被激活,分泌大量激素(如皮质醇、肾上腺素等),以提高并维持身体各方面的水平表现。既然是有生理基础,那么"用功""注意力集中"就不单纯地是学习态度端正不端正的问题,而是存在个体差异的能力问题。

即使是天赋异禀、天生注意力较强的人,也不可能完全不走神。因为如果交感神经系统一直兴奋,人的机体则会进入衰竭阶段,那些原本有益的激素可能反过来伤害神经及免疫系统,由此身体就会产生厌学、消极怠工的"不端正态度",继而疲惫不堪乃至生病,更有甚者可能会精神崩溃。

因此,没有谁能够一直"集中注意力"不走神,神经元放电时间太长了,一定是需要休息的。

··培养孩子的专注力

不少人咨询我"如何培养孩子的专注力"这一类的问题。

首先,我建议在孩子做自己喜欢的事情时(哪怕是玩泥巴),父母要控制住干涉的欲望,不要总是打断他,问"冷不冷""热不热""喝不喝水""吃不吃点心",也不要总是阻止孩子,说孩子"把家里弄乱了""身上弄脏了"。

其次,在玩具的选择上,尽量较少选择依赖声光电吸引孩子的玩具,比如玩具冲锋枪、会发声发光的小人偶等。当然,也不要走极端,千万不要教条地认为"专家说了不能买"就一概不买。如果孩子喜欢,适度宠爱孩子,满足他的心愿买一些也无妨。只是建议家里不要全是这种玩具,更没有必要买一大堆重复的。因为这种声光电玩具,对孩子注意力的吸引都是短暂的。对于稍微大一点的儿童,建议引导他们玩一些需要动手动脑且长时间投入专注力的益智类玩具,比如乐高、积木、拼图、手工,以及各种科学小实验等。

再者,选择这类玩具时还有特别重要的一点就是,它最好能有"作品"或"成果"的呈现,能够及时地让孩子得到具体实物的积极反馈(例如做出一个能跑会动的模型车),这样才能不断激发出孩子持续的兴趣和专注力。

最后,一定要找到孩子的兴趣。每个孩子的兴趣都不一样,作为家长一定要用心去发现和引导,因为没有人比你更了解你的孩子。结合孩子的兴趣,家长再引导他完成自己的"作品"——从家长帮忙,到孩子独立完成或互动完成,循序渐进地去引导孩子,不管是堆沙堡、搭积木、做科学小实验,还是讲故事。

··教育的初衷是什么?

我一直认为,技术是不分好坏的,没有必要把新技术看作洪水猛兽。在这个新闻事件中,我并不认为脑电技术存在什么过错,人类怎么利用技术才是关键。随着技术的进步,注意力一定能够越来越准确地被测量。但是接下来该怎么做?就好比,医生为了确诊病情,会给患者做相关的辅助检查,例如抽血、CT检查等,但是只做检查,疾病就能痊愈吗?当然不会,检查的重要意义在于找出病源,以辅助医生对症下药。

如果孩子成绩下降、注意力无法集中,除了"天生就不是学习的料"这个可能性,观察其他可能存在的问题和原因,难道不是家长和老师的职责所在吗?他上课为什么会走神?是因为爸妈最近总吵架,还是他在人际交往中遇到了麻烦?是老师的课堂太无趣了,还是因为他自己精神压力太大?这些变化的发生无须通过"紧箍咒"的监测,父母和老师也应该留心观察——留心观察孩子的变化是一个老师的基本功与家长应尽的责任。

如果不探究根源问题,只关心孩子上课有没有认真听讲,这就相当于教师只在乎学生的到课率,每堂课都强制点名,却不思考如何努力提高自己的教学水平。这种做法看似加强了外部的管理,实际上只流于表面形式,并未溯本清源,效果自然也非常有限。

所谓"监测注意力"的一类产品,其核心作用并非帮助孩子集中注意力或提高成绩,而是安放家长的部分焦虑,或者说戳中了家长焦虑的痛点,本质上是在贩卖焦虑。正如网瘾戒除学校的存在一样,孩子能否从中获益,是否能从根本上解决问题,甚至孩子的身心健康是否受到损害,在他们看来都不重要,重要的是这样的存在能让家长感到踏实,帮助家长"认证"孩子的问题。

贩卖焦虑是营销中很常见的手法。技术本身其实没有好坏之分，但若是被商家断章取义地渲染焦虑、夸大效果以获得商业利益，这就很容易偏离教育的初衷。

事实上，孩子真的需要专注那么久吗？提高注意力就一定能提高成绩吗？提高成绩就拥有终身学习的能力吗？拥有学习能力就一定会用到正道上吗？把孩子驯化成学习机器，往往会令其丧失学习的内部动力甚至丧失发现和探索的生命力。教育的问题如此复杂，借助具体的技术以"训练"孩子，这个落脚点实在有些狭隘。

作为一名教师，我不会点名签到，不会禁止学生心猿意马，不会要求学生整堂课百分百地专注，而是会努力想办法吸引学生的注意力，让他们的注意力在课堂上多停留一会儿。

"强迫""刻板""重复"等行为不一定是孤独症[①]

某日我在写论文,正奋笔疾书,朋友突然火急火燎地问:"不好意思打扰你,但我真的快急死了。我孩子现在 3 岁,最近早教中心的老师特意叮嘱我重视一下孩子的情况。因为她们邀请来的专家发现我家孩子有明显的强迫行为和刻板行为,语言重复,而且与人交流时眼神回避,存在较强的自我中心,说孩子有自闭倾向。"

"自我中心是 3 岁儿童心理发展的典型特征之一,这一点倒是正常的。"虽然我这样说,但是听到孩子有"强迫行为"

[①] 孤独症:又称"自闭症"。起病于婴幼儿期(3 岁前),以不同程度的社会交往障碍、交流障碍、局限的兴趣及刻板与重复行为方式为主要临床特征的一种广泛性发育障碍。——编者注

"刻板行为""语言重复""眼神回避"等描述时，我心里还是很警觉。

·· 如何判断孩子的这些表现是强迫、刻板行为？

"请问孩子强迫、刻板的具体症状是什么？体现在哪些方面？"我问道。

她说："最近我家孩子用完东西一定要放回原位；小汽车、玩具一定要按照他的顺序摆放好；在教室里一定要坐在自己的位置上，动一下他都不开心；吃饭也一定要坐在餐桌的固定位置。"

这些表现，我认为这应该属于"秩序敏感"。3岁儿童正是进入秩序敏感期的时候，不能就此单一症状做出结论。秩序敏感期一般发生在儿童2~4岁期间。这一时期的儿童会对物体摆放的空间、生活起居的空间习惯和时间顺序等都有着非常强烈的秩序需求。如果秩序被打乱了，孩子则会产生负面情绪，甚至大哭大闹，这都属于正常现象。

不过，朋友仍然担忧，一是因为"专家"说孩子的表现都是典型的强迫、刻板行为；二是她也了解学习过一些相关知识，知道强迫、刻板、重复并不好，这几个词组合在一起足够她焦虑。

于是，我安慰道："强迫、刻板、重复行为确实应该引起重视，但是你家孩子的这些表现不像是强迫、刻板行为。而且，就通过单一的强迫、刻板症状，也不能诊断是孤独症。"

刻板行为是指一个人无目的、无意识、以不变的固定频率（且一般是较高频率），重复无意义动作的行为，比如持续不断拍打自己头部、不停发出怪叫等；同时，有些刻板行为往往伴随着注意力的狭窄，比如长时间、不停地按电灯开关，其他人和事物也难以将其注意力从开关上转移。

强迫行为是一个人有意识地重复一些他人看来无意义，但是自己认为有意义的动作的行为，比如超出正常范围的反复洗手、不断检查门窗开关等。

需要注意的是，在孤独症谱系的障碍中存在一种"仪式化行为"：以绝对相同的方式重复生活起居中的活动。比如，衣食住行、如厕习惯都坚持相同的流程、时间和位置，拒绝任何变化。例如，在美剧《生活大爆炸》中，主角谢尔顿就有这类"仪式化"行为，吃饭有固定的食谱，座位有固定的位置，牙刷杯子摆放的位置完全不能出错，等等。

幼儿秩序敏感期中的一些行为与这种"仪式化行为"有相似之处，需要结合临床上的其他症状综合判断，不能依靠单一的症状进行诊断。

一个简单的鉴别方法就是：幼儿秩序敏感期的固定化行为会随着年龄的增长而消失，但是孤独症中的"仪式化行为"则不会消失。家长可以对此进行持续观察。

··如何判断孩子的这些表现是语言重复、眼神回避？

朋友又提到，"专家"认为孩子还存在语言重复、眼神回避的问题。

"你们认为他语言重复的具体症状是什么？"我问道。

朋友回答："比如外面下雨了，孩子就会反复说'妈妈你看，下雨了下雨了'。如果不回应他，他就会继续拽着我说'下雨了'；如果我回答'是啊，下雨了'，他才会停下来。"

在我看来，这种情况其实并不是语言重复，而是孩子期待得到家长的关注和反馈，具有互动的目的。孤独症中的重复语言是指孩子一而再，再而三地说某些特定的话语，或者无意义地重复别人的话语（或话语中的一部分），直到别人都厌烦了仍然停不下来。

关于眼神回避问题，朋友说，孩子平时和人说话的时候眼神交流很多，可机灵了。但是"专家"说，孩子被批评的时候眼神会闪躲，会看向别的地方，不敢看人。这我就更不能苟同"专家"的说法了。平时交流眼神不回避，被批评了才眼神闪躲，并不能被定义成"眼神回避"，这只能说明孩子有了羞耻心，知道被批评是不好的。

综合以上分析，那位"专家"判断朋友家孩子"有强迫行为、刻板行为、语言重复、眼神回避"的论据不足。

·· 观察孩子的共情、社交能力

随后，我又追问孩子在共情能力、沟通能力和情感表达能力等方面的表现："孩子平时怎么样？会主动发起话题和持续话题吗？"

朋友说："他主动发起话题和持续话题没问题，挺会聊天的。情感上也没有障碍。上周外婆撞到桌角了，他还主动帮外婆吹伤口；我肚子难受的时候，他会帮忙揉揉，还安慰我别担心；上次小区里一个女孩哭了，他把自己的花儿送给她，还安慰她别哭了。我觉得他平时跟人交往、沟通都挺正常的，和小朋友们都玩得开心,我一直没想过他会有孤独症的倾向,今天早教'专家'的话,真的把我吓坏了。"

根据朋友提供的信息,我的分析如下:(1)孩子能够主动发起和持续话题,说明他具备沟通中的互动功能;(2)主动帮外婆吹伤口,说明他知道外婆撞到了也会疼,不是只有自己撞到才会疼,他知道"撞"和"疼"之间的联系,证明他能够推己及人;(3)他认为妈妈对肚子疼感到"担心",因此才安慰妈妈说别担心,这说明他在揣测妈妈的心理活动;(4)他送花给哭泣的小女孩,说明他知道用社交性质的行为去安慰别人。这些都表明他具备共情能力和社交能力。根据现有的证据,不能判断孩子有自闭倾向。但是为谨慎起见,我仍建议朋友带孩子去正规医院进行评估。

··孤独症的发现和干预要依靠专业手段

需要强调的是,虽然我的研究方向是发展心理学,对儿童发展过程中种种情况具备一定的专业知识,但我并非研究孤独症方面的专家,对孤独症的了解只是基础性的。

对孤独症有进一步更专业的知识储备需求的朋友,我推荐以下专业书籍和正规医院(以下所提及的书籍和机构与本人没有任何利益关系,是请教了专门研究孤独症的科研人员后总结建议的)。专业书籍可参考:《自闭症》《孤独症和相关沟通障碍儿童治疗与教育》《自闭症儿童社交游戏训练:给父母及训练师的指南》;相关医院比如:北京大学第六医院、复旦大学附属儿科医院、南京脑科医院、中山大学附属第三医院和中南大学湘雅二医院。我并不能对孩子做出任何医疗性质的诊断，只能帮助家长朋友了解一些相关的基本常识，进行初步的判断和"排雷"工作，辨别真伪"专家"和"机构"。由于孤独症谱系繁杂、情况复杂，想要进一步具体咨询和诊断，一定要去正规的三甲医院或者专科医院！

早发现、早干预非常重要，但要谨慎甄别，谨防诈骗。虽然经正规医院评估，我的朋友是"白担心一场"，但我认为像她这样对孩子的事情疑心重并非坏事，宁可紧张也不能忽视，才能及时发现问题，及早进行干预。但是在紧张和重视的同时，一定要注意甄别，例如上述案例中所谓"早教专家"的话语就有违常识，如果他们要求孩子去他们推荐的"机构"进行"评估""诊断""康复"，不要轻易相信，一定要选择正规医院！

同时，要让医生与孩子当面交流，方便医生面对面观察、提问和诊断，辅之以专业量表进行测量和评估，这样得出的结论会更准确。我遇到过不少家长，因为不相信自己的孩子有问题而拒绝面对现实，在描述症状时不自觉地对孩子的行为和症状进行美化，或是避重就轻。

鹿老师有一位前同事非常细心，早早地发现了孩子的异常：1岁时无法站立，相关测试不达标；3岁左右，孩子的语言能力和同龄儿童的差距越来越大，不会主动提出话题，也无法维持或发散话题，只能依靠刻板而重复的短语进行简单交谈，纠缠于同一句话，无法推进对话……

但是她的家人一致认为妈妈无中生有、小题大做，觉得孩子长大一点自然会好转，坚决反对就医。这是很多家长容易有的逃避心理。

后来，这位妈妈瞒着家人悄悄带孩子去医院就诊，发现孩子的状况达到了某个孤独症谱系的临界值。对于这些患儿，早发现、早治疗、早干预就非常重要，在正规专业机构的康复训练下，有可能达到能够相对正常地上学与生活的治疗目标（注意，痊愈不太现实，如果有机构宣传能帮助孩子痊愈，基本不可信）。多亏了这位妈妈的细心和坚持，孩子才得以及早进入治疗，可以说是不幸中的万幸。

如果对孩子有这方面的疑虑，请不要看到网上的信息就擅自对号入座，更不要听信来路不明的"机构"或者"医院"的判断，应该尽早去专业的正规医院和康复机构诊断，以免耽误干预与治疗的最佳时期。

对低龄儿童不宜过度进行超前教育

一天,我接到了一通来自早教机构的推销电话。电话中,对方热情洋溢地向我介绍了儿童智力开发的黄金期和成长过程中的各种关键期,语重心长地告诫我,孩子的童年就短短几年,一旦错过就不再来。我婉言拒绝之后,小姑娘忍不住地问:

"哥,咱家宝贝上过哪些早教班啊?"
"什么都没上过……"
"那咱宝贝现在掌握哪些技能了呢?"
"什么都没有……"
"那咱宝贝各学科基础现在怎么样呀?"
"约等于零基础……"

电话那端沉默了几秒钟。然后，我便听到销售小姑娘似乎在问她的同事："姐，您给我分配的是海淀区吗？没弄错吧？"

海淀区父母的"鸡血"闻名遐迩，是我拖后腿了。岳母知道这件事后，不无担忧地表示："你们是不是'佛系'过头啦？弄得别人都质疑你们是假的海淀家长了！你们这样放任自流，孩子会不会输在起跑线上呀？"

岳母曾经不止一次地批评我："你们怎么什么都不让孩子学？亏你还是个心理学家呢！你看某某比咱家孩子还小两个月，一周要学5门课，美术、数学、英语、逻辑、社交……"

我发现，相比于松弛泰然的"佛系"老母亲，还是积极入世的"儒系"老母亲和强势干预的"法系"老母亲更为盛行，她们会为了孩子学不好一个单词而着急，拼不好一块拼图而上火。

对于这种情况，我表示理解。其实我并不是纯正的"快乐成长"派系的家长，也不号召大家不给孩子报任何兴趣班或早教班，只是想在大家给孩子选择培训机构前，帮忙普及一些心理学常识，让大家不必因为孩子暂时"输在起跑线上"而陷入不必要的焦虑。

··神童的幻象

大家是否发现，神童往往批量出现于幼升小时期。因为这时期的孩子学习能力、模仿能力、记忆力都很强，是最容易产生"神童幻象"的阶段。其实，这只是因为孩子提前学习了一些并不复杂的知识而已。

早在1942年，斯特雷耶就曾用一对双胞胎做过实验：双胞胎1号从84周龄开始学习词汇，双胞胎2号则什么也不学，直到89周龄才加入学习。一开始，1号学习突飞猛进，比2号快多了，但3个月后两人的词汇水平基本没什么区别。很多知识和技能，早学或晚学的结果都一样，而早学的作用大概会呈现出"智力被开发"的假象，从而批量生产"伪神童"。

··幼儿园学微积分？

不知从何时起，家长中开始流行一种新思路——让处于"前运算阶段（2~7岁）"的儿童学习代码类编程、微积分、逻辑思维。

根据皮亚杰的认知发展阶段理论（见表2），处于"前运算阶段"的儿童会通过语言、模仿、想象、符号游戏和符号绘画来认识世界，但对事物之间发生因果联系的逻辑基础是不太能理解的。而7~11岁的孩子虽然进入了"具体运算阶段"，但仍然处在似懂非懂的阶段，他们对抽象概念的理解需要具体内容的支持，否则无法像成年人一样充分理解。

简言之，学龄前儿童正处于长身体的时候，对其进行智力培训和知识传授为时过早，尤其是那些需要运用数理逻辑思维、抽象思维的知识。前些年，某一线城市有一批幼升小的"神童"简历在网上广为流传，其中一份简历中写到，孩子知道"2^{13}=8192，一天有86400秒，$\frac{19}{20}$=95%"，这里展现的"数学能力"本质是记忆能力，和数学能力、逻辑思维并没有太大关系。

表2 皮亚杰的认知发展阶段理论

阶段 / 年龄	特征和主要成就
感知运动阶段 （0~2岁）	儿童用生来就有的一小部分感觉运动反应开始了生活。儿童发展出客体恒常性和开始进行符号思维。
前运算阶段 （2~7岁）	儿童的思维具有自我中心的特点。提高了符号思维的能力。
具体运算阶段 （7~11岁）	儿童理解了守恒，可以对具体的、实实在在的物体进行推理。
形式运算阶段 （11岁以后）	儿童发展出了抽象推理和假设思维的能力。

资料来源：理查德·格里格．菲利普·津巴多．心理学与生活（第19版）[M]．王垒，等译．北京：人民邮电出版社，2016．

美国幼儿教育学会（National Association for the Education of Young Children）提出的"发展适宜性教育实践"概念，其中一个基本原则就是"了解每个年龄阶段的发展特点"。所谓的天才儿童一定是存在的，但是大部分孩子都处于正态分布中间。家长千万不要简单地从成年人的角度强行训练孩子，更不要被一些巧立名目的营销所欺骗，而应该充分考虑到儿童的实际发展水平和所处的阶段。

或许，有些家长安排孩子上各种课外兴趣班的初衷也并不是想要他们成为神童，只是想培养孩子良好的学习习惯，习得一些基础的生存本领。我同意这种观点，但同样建议家长要遵循"根据各年龄阶段发展特点培养孩子"的原则，不必陷入无谓的焦虑。

··培养专注精神？

鹿老师有一位朋友曾满怀悲愤地向我们抱怨孩子没耐性，比如，玩拼图游戏不到 5 分钟就到处乱跑，根本没法好好坐下来。早教机构提醒她："你家孩子注意力不太集中，得及时干预和调整。"她对孩子是打也打了，骂也骂了，连哄带骗，好说歹说，什么招数都使了就是不管用。因此她气得一天都没吃饭，甚至还罚孩子不准吃饭……她向我们吐槽孩子不省心时，我问道："孩子多大了？"结果得知孩子才两岁多。我安慰她，如果两岁多的孩子能老老实实坐着超过半个小时，那才少见呢！

儿童的注意持续时间是随着年龄增长的，一般 5~7 岁儿童注意稳定时间大约 15 分钟，而 5 岁前的儿童能保持 10 分钟就很好了。家长如果为这种事跟孩子较劲，跟自己较劲，气得吃不下饭，实在是属于"不必要的焦虑"。

··提升社交技能？

我的另一位朋友给当时不满两岁的孩子报名参加了早教班。我听他描述后觉得，这哪里是去早教的，根本就是"训练"父母体能的。爸爸妈妈们弯腰扶着一个个蹒跚学步的小娃娃到处行走，据说在行走中可以锻炼社交。机构老师反馈，他儿子社交能力比较差，需要尽早锻炼社交能力。我无法苟同："两岁孩子社交能力差不差，他们是怎么看出来的？"

为什么幼儿园的入学时间规定要年满 3 周岁，而不是一学会走路和说话就可以入园了？这是因为人的社会性不是与生俱来的，两岁的小宝宝才刚刚能分辨出自我和他人，3 岁前仅仅能与同龄小朋友共处于一个物理空间内各自活动，绝对不可能已经拥有复杂的社交技能。

朋友反对道："可是我们这一年多学下来，孩子的社交能力确实有进步啊。"

我提醒他："因为你家孩子现在3岁多了呀！孩子在不断成长，社交功能本来就是随着年龄增长而快速发展的。"当然，我并不是否定所有早教机构、课外兴趣班存在的必要。幼学如漆，童年是学习和吸收知识最快的阶段，按照儿童发展规律设置的课程，当然可以开发孩子更多的潜能。只是市场鱼龙混杂，很多机构断章取义地截取部分科学结论，加以歪曲和夸大，再添加一些玄之又玄、亦真亦幻的个案，用夸大、欺瞒、虚假的宣传用语进行包装，只会制造不必要的恐慌。

曾经有位中学校友特意向我咨询："早教机构宣传的可以促进孩子社交能力、锻炼注意力、开发右脑……用脑电技术扫描大脑帮助孩子提升专注力的技术，都是真的吗?"我如实表达了否定观点之后，没想到她竟然说："太好了，我准备去做这一块了。"

我惊讶道："你说什么?"

她答："我以为那些培训机构多厉害技术多高级，原来他们也是唬人的。也就是说，我要做的话肯定不会比他们更差吧，对不对?"为此，我把她拉入了黑名单。

不过鹿老师的闺蜜反驳了我的观点，她说："我当然知道花钱把孩子送到早教班玩，和跟几个朋友带着孩子们聚在一起玩，效果是一样的。但我就是'有钱任性'，不行吗?"当然行，如果不在乎多花不必要的钱,那倒也不是不可以。

这番话启发了我的新思路:比起知识的灌输,还是培养孩子对知识的热爱更重要。有一次我和鹿老师带着孩子在山中过周末,大晚上趁着月色泡山野温泉。鹿老师对孩子说:"你看那棵松树的叶子中间,挂着大大的月亮,这叫'明月松间照'……咱们脚下的泉水,把山林间的石头冲刷得亮晶晶的,这叫'清泉石上流'。"孩子似懂非懂地跟着念"明月松间照""清泉石上流"。

我说:"他才3岁多,你现在教这么复杂的诗句,他学不会的。"

鹿老师却说:"我不是要教会他背诗,只是想着也许有一天,他能体会到我现在所体会到的——这两句诗和此刻的风景一样优美。"

当然,我不是说这种教育方式才是正确的,因为每个家长在育儿中的诉求是不同的。按照我们这种方法,肯定教不出神童,但我认为这种"热爱"的心情对生活有所裨益,因为这种"热爱"曾指引着少年时的我们偷偷阅读了很多与学习、考试无关的"无用之书"。成年后,我们才明白所有的"无用之书",终究都会是有用的。

低龄儿童不会"5"以上的加减法很正常

我家孩子年幼的时候,我曾制定了一条家规:不听话的小朋友要打屁股。为了公平起见,爸爸做错事也一样要被打屁股。一般我会根据情节恶劣程度,分为3次、5次或10次这几个等级。没多久,孩子就学会了讨价还价:

"能不能打2下轻的1下重的?"(3次)
"能不能打3下轻的2下重的?"(5次)

原本我觉得小孩子学会讨价还价是一件好事,说明他会揣度他人的心理,试探底线,学着用沟通和协商的方式,最大程度降低自己的损失。但随着惩罚力度的加大——打屁股的数量达到 10 次时，新的问题就出现了，孩子不太会算术。

"爸爸，能不能打 5 下重的 5 下轻的？"
"不行。"
"那要不就 6 下重的 5 下轻的吧！"
"不行！"
"7 下重的 5 下轻的总行了吧！"
"你自己算算 7 加 5 等于 10 吗？"
"嗯，是的！"

听到孩子自信满满的回答，一旁的鹿老师开始发愁："这孩子的数学怎么这么差，你的学霸基因怎么被我的学渣基因打败了……"虽然孩子当时还小，看不出来未来的学习情况，但是搞不清楚"7+5=?"这个问题，并不代表孩子的数学能力差，因为"5"以上的加减法是算术难度的分水岭。

而 5 岁以下的儿童，无法计算"5"以上的加减法，也是符合儿童发展规律的正常情况，不是"笨"，也不是"不用功"，家长无须焦虑。

数学是人类的一种高级认知功能，具体包含逻辑思维、抽象概括、空间想象、推理、论证、运算等多项能力。我们不能在孩子幼小时，因为他算不清一些数字就过早地下定论，认为他"数学差"。

算术能力的基础是能够正确表征数量。所谓对数量的表征，简单来说就是"识数"，即看到物体，能知道它的数量。这牵涉到一个很基础的心理学争论：我们对数字的表征是单一的吗？目前的证据比较支持这样的结论——人类的数字表征可能存在两个系统：一是"感数"系统，二是"计数"系统。

··"5"是人类表征数量的分界点

早在1949年，心理学家考夫曼就开始对人类的数字表征系统进行相关研究，将不同数量点组成点阵列（dot arrays）组合，对被试进行测试，并根据被试反馈的点阵列中点的数量结果，提出了"感数"和"计数"的概念。

所谓感数，是指一个人对小额数字的表征——对小额数字，人们往往能够快速而准确地感知，对"4"及"4"以内的数量能够一眼识别。计数则是指一个人对大额数字的表征——对大额数字，人们需要经过一定的反应时间才能统计出来。比如图上有100个点，正常人需要数一段时间才清楚，不能一眼得出结论。

而"感数"和"计数"之间明显的分界点就是"5"。当图表中点的数量是"4"以内时，个体反应时随数量的变化微小，每个项目增加50~80毫秒，且基本没有错误发生。通俗而言，即当数量在"4"以下时，正常人都能一眼看出来图像中有几个点，而且都能答对。当图标中点的数量是"5"或"5"以上时，反应时和正确率都呈现出伴随数量增加的线性变化。通俗来说就是当数量达到"5"以上时，数量越多，计算出数字所需的时间就越长，正确率也越低。

由此可以看出，人对计算数量的反应时和正确率，在"5"

以内和"5"以外出现了明显的断层。这充分说明"感数"与"计数"是本质不同的"识数"过程，由两个不同的系统管理。也就是说，人类的"感数"系统是有数量上限的（比较公认的说法是4个），数量超过4个，就会切换到"计数"系统。

心理学家们进一步对儿童和动物进行了类似的实验，发现不具备语言能力的婴儿和猴子也具有与成人的"感数""计数"系统类似的两种数字表征系统，即对小数（1至3或4的自然数）的精确表征系统（object tracking system，OTS）和对大数（大于3或4的自然数）的近似表征系统（approximate number system，ANS）。

从命名上就可以看出，所谓"小数表征"，主要基于对单个物体的平行注意或追踪（tracking），表征的过程受数量大小的限制（如前所讲，人类小数表征的上限大约是4个）；小数表征是精确的，这一点与对大数的近似表征不同，一旦数量多了，不通过计算就没法精确知道有多少个点。举个例子：

"几个字？"——一眼就可以知道准确答案是3个。

"那么再换个例子，比如你现在看到这一行字，在不数数的情况下，你能一眼准确知道有多少个字吗？"——我只能说"应该有几十个字"。

关于人类表征数量有一项非常有趣的婴儿实验：研究者准备了两个装有饼干的桶，让10月龄和12月龄的婴儿在两个桶之间自由选择。当桶内的饼干数分别为1块和2块时，婴儿选择了2块；当饼干数分别为2块和3块时，婴儿选择3块；但当饼干数为3块和6块时，婴儿就无法做出选择了。

研究者把乒乓球放进一个不透明的盒子，让婴儿去搜索盒子并取出乒乓球。当乒乓球的数量在1~3个时，14月龄的婴儿能将球全部找出来；当球的数量为4个时，婴儿找出2个就放弃了——因为"4"的数量超出了他们的识数范围，面对超出能力的任务，只好随便找找。

··脱口而出"7+6=13"，是练习的结果

从研究来看，3~4岁是儿童"数概念"快速发展的时期。一般来说，2~3岁的儿童基本认识了"3"以内的数字；而4~5岁的儿童，则能学会"5"以内的加减法，识别"5"以上的数字，同时能够理解这些数字变化的规律，即数字的方向性和单位性变化。

事实上，"5"以上的加减法是一种通过练习获得的"规则记忆"能力，甚至连运算能力都称不上。现在我家孩子被问到"7+3=？"这个问题时，他会说："妈妈，你让我用计算器先算一下，不然我怎么知道呢？"鹿老师拒绝给他用计算器，认为这不算很难。我却认为孩子其实没说错，这确实是需要先知道正确答案，再练习、再记住的过程。其实我们成年人可以脱口说出"7+16=23"，也是速算练习的结果，并不像"1+2=3"一样，是不加思索可以得出的答案。

虽然孩子们已经知道了越靠后的数字越大，但他们对大小概念的认知仍与成年人的有所不同——他们对于大小的理解还

处于"对数表征"的阶段。所谓"对数表征"是数字心理表征模型之一，它是一种近似表征；与此相对应的另一种模型"线性表征"则是一种精确表征，需要经过后天的学习。通俗而言，作为成年人，我们知道"1亿"和"10亿"的差距远比"1"和"10"的差距要大；但是对于幼童来说，他虽然知道亿的单位很大，但是他并不能准确认识"1亿"和"10亿"之间的差距，可能会认为"1亿"与"10亿"的差距和"1"与"10"的差距相当。例如，我家孩子5岁时对数字的认知主要停留在个、十、百、千、万这样的对数表征阶段。我们玩捉迷藏时，为了给自己争取多一点时间，他会说："爸爸，你数到'10亿'再来找我。"通常我会这样数数："1，2，3……10……1亿，2亿……10亿！"这一过程中，他察觉不出什么破绽。

同时，孩子们除了通过口头计数学习数概念，还会通过其他方式表征数量，如使用身体部分（掰手指），当双手都用来表数时，还会用头部点数，这些表征方式都能促进儿童获得数概念。

那么，数学能力怎么训练？研究发现，数数能力、数概念水平对被试数量表征的模式和准确性有着显著影响，数数能力越高，数概念水平越高，被试数量表征就越准确，越倾向形成线性表征（即精确表征）。此外，与认知加工相关的因素（包括空间能力、工作记忆、反馈等），也可能影响儿童的数字表征能力。

其中，反馈作为一种直接的干预手段，对线性表征的形成十分重要。反馈的重要性主要体现在，父母（或其他教育者）对儿童内部数字线有校准作用。这句话听上去是不是很玄乎？到底是什么意思呢？简单来说，即"教"。因此，家长们千万不要忽视孩子诸如"1万大还是1亿大"之类的问题，应该及时给予孩子反馈与引导，因为这正是他们自我发展数字概念的体现。

孩子到一定年龄才发展出减法思维

孩子 5 岁的时候,经常由我辅导作业。有一次我出差在外时收到了鹿老师发来的信息:"你平时都是怎么给他辅导算术题的呀?我今天教了一会儿,感觉要被气出脑出血了。"

我忙问:"怎么了?"

"今天晚上,他和'9-3=?'这道题杠上了!一会儿说等于 0,一会儿说等于 8,一会儿说等于 5,不停地来回瞎猜,我这会儿太阳穴都是疼的。"鹿老师道。

"我还以为多大的事儿呢!这挺正常,不必焦虑。"

"5 岁多的人了,'10'以内的加减法都不会,这还正常?"鹿老师疑惑道。

"不,我们得先明确一点:他只是不会'10'以内的减法,

'10'以内的加法是会的。因为咱不是没教过减法吗?"我说。

"可是,这还用教吗?他知道'3+6=9',为什么不知道'9-3=6'呢?他知道'8+3=11',为什么不知道'9-3≠8'呢?这是不是没用心?"鹿老师问。

我说:"你有所不知,小孩子明白'3+6=9',真不一定能推导出'9-3=6'。减法得从头教,而且得从5以内的小数教起,也就是从'4-1'教起,不能一上来就问'9-3'等于多少。否则这不是还没学会走,就想叫他跑吗?"

"原来这样啊!不瞒你说,其实我先是问他'15-7'等于多少,见他一脸茫然才降低难度问'9-3'等于多少……因为我想,他都知道'8+7=15',怎么'15-7=8'就不会呢?原来不是他不用心,而是我错了,听你这么一说,心里好内疚啊!"鹿老师说。

"不是孩子笨,也不是他不用心,而是儿童发展的自然规律还没到那一步。今天先别教了,明天从'5'以内的减法教起。"

如果向成年人抛出这么一个问题:加法和减法是什么关系?我相信大家都会觉得莫名其妙——加法和减法是逆运算的关系,这还用问吗?但是如果问5岁儿童,加法和减法是什么关系?他们还真不知道加减之间的"互逆"关系(家长从孩子3岁时就进行超前教育的,以及少数天才儿童不在此讨论之列)。

这一点最早是由皮亚杰发现的。前文介绍过他的认知发展阶段理论:2~7岁的孩子正处于"前运算阶段",其重要特点之一就是思维的不可逆性;进入"具体运算阶段(7~11岁)",儿童才发展出可逆的思维能力。

在皮亚杰 1977 年的一项研究中，研究者找了一批儿童被试，年龄在 6~10 岁之间。实验中，孩子先选定一个数字（假设为 a），这个数字只有他自己知道，接着研究者需要他们计算出"(a+3)×2"的值并报告结果，研究者再根据孩子报告的结果值，倒推出 a 的数值，并且反馈给孩子。

研究者问孩子们："猜猜我是怎么知道你们选的是哪个数字？"结果发现，6 岁组儿童的表情反应都是"哇！太神奇了！他们怎么知道的呢？"年龄稍大的孩子没那么好哄骗了，他们大概有一些猜测，但对"逆运算"这一概念仍没有确切的理解。（但由于皮亚杰这一实验中，问题设置得太复杂，其结果可能也会受儿童运算能力的影响。）

于是后来，发展心理学家进行了诸多类似但控制得更加精巧的实验，结果也基本支持了皮亚杰的理论——随着孩子年龄的提升，他们会对加减法的互逆关系理解越来越深刻。当然，实验结果和皮亚杰的结论稍微有些出入：主要在于获得可逆性思维的年龄提前到了 5 岁。如果利用实物，甚至 3~4 岁的孩子也会表现出一些可逆性思维。我家孩子小时候也有过类似表现，当被问到"8+7-7=?"时，他无法作答；但是鹿老师换个角度问"你有 8 颗糖，我再给你 7 颗，然后又拿走了 7 颗，你还有几颗糖"，他立马就能答出"还有 8 颗糖"。

类似的例子可见于 1999 年布莱恩特等人的一组实验。实验中，被试儿童需要解决"a+b-b"（互逆运算问题）和"a+a-b"（控制组问题）两种问题，以考察他们的问题解决能力。结果发现，5 岁组儿童在这两类问题上的表现都不如 6 岁组的儿童。

这也表明，5岁儿童虽然已经出现了理解互逆关系的思维萌芽（遇到实物运算时懂得逆推），但还不能很好地把实物计数中的逆推思维，运用到抽象数字问题的运算上来。

回到"9-3=?"的问题，"9-3"其实就是"6+3-3"，但前者多了一道步骤是将"9"拆成"6+3"，所以"9-3"比"6+3-3"更难。与此同时，孩子又不能很好地理解互逆关系，"3+6=9"和"9-3=6"之间的关系就显得更为复杂——这完全是两个问题，孩子很难想到"9"可以先拆成"6+3"，因为这还需要额外的工作记忆的参与。

那么，家长们该怎么做呢？还是一字记之曰："教！"

这里不仅是教孩子如何死记硬背地做加减法，而是教会孩子其中的逻辑，结合5~6岁儿童所处的认知发展阶段——"前运算阶段"的特点，可以配合一些实物，帮助他们理解加减法的可逆性关系。如果要教孩子理解"a+b-b=a"，可以借助实物演示，而非抽象数字概念进行引导，如用豆子做演示，问孩子："袋子里有7颗豆子，先放进去5颗，再拿走5颗，请问袋子里还剩下几颗豆子？"

听完我的这一番苦口婆心，鹿老师表示很内疚，抱着孩子道歉说："对不起，我错了。"

"我再生一会儿气，明天就原谅你。"孩子答道。

我说："我看你玩得挺开心的呀，没发现你在生气啊！"

孩子说："因为我把生的气系在直升机上，飞到高高的天空中，放在一朵云里面，你们都不会知道的。"

听完这番话，鹿老师觉得更内疚了。我安慰她："你老担心孩子数学学不好,实际上,首先他的表现是符合他的年龄特征的;其次,他的语言表达能力很好,三言两语就把你哄得五迷三道的。我始终相信只要有优点,孩子就有机会好好发展,咱们做家长的肯用心引导,还担心什么呢?"

如何从"满心只爱玩泥巴"到"唯有学习让我快乐"

关于如何激发孩子学习的兴趣,我上文中提及了不少,比如在观察生活的过程中将知识融入进去,或者寓教于乐,但是涉及课堂的系统教育,我家孩子有一段时间非常排斥与抗拒。

他上小学之前,我曾经带他体验了一些不错的科学类、数学类试听课,他在课堂上表现得很好,但是当被问"你觉得有意思吗?还想再上吗?"时,孩子却回答:"有意思,但是我不想上了。"

"有意思为什么不想上了呢?"我问道。

孩子回答:"因为不想上课。我不想当科学家,也不想当数学家。我想玩泥巴,当建筑工人。"

于是，我便带着孩子去玩泥巴了。

时隔两年，我又尝试带他试听那些课，这一次他的感受大为不同。两年的时间，孩子的逻辑思维能力有了飞速发展。这次试听课中，他对课程中的科学原理和数学小游戏产生了很大的兴趣，课后意犹未尽，让我再找一些延伸类的科普知识讲给他听。而且出乎意料的是，天天哭着喊着不要上幼儿园的他，现在居然每天都很期待上小学！我问他为什么突然期待上学了，他说："因为我发现学校里有不少课还挺有意思的。"

我总是劝慰家人："孩子暂时不想学也没关系，不要急着逼他。"这是因为在引导孩子学习这件事上，尊重他的节奏很重要，而且每个孩子的节奏都不一样。所以家长不必人云亦云，发现别人家孩子在学啥，我家孩子也要学，从而被"朋辈压力"的焦虑推着往前走。

··尊重孩子的节奏

当时孩子说不想学数学，要玩泥巴的时候，家里的长辈非常着急："别人家的小孩3岁就开始学音乐，4岁又上美术课，咱家的整天就惦记着玩泥巴……你们得上上心，别耽误了孩子啊！从小不爱学习，长大就扳不过来了！"

我是这么回答的："你们看他砌砖砌得这么严丝合缝，是因为他认真地琢磨了砂浆搅和的比例，还有排砖揭底的位置，他不可能是不爱学习的孩子！"

现在回想起来，非常庆幸自己当时坚持住了，没给孩子强行报班，而是给了他两年的时间来成长，成长到足以自己发现学习的乐趣。强行逼迫孩子学习，有时候会适得其反，让孩子产生厌学、逆反的情绪。

另外很重要的一点是，不要因为孩子对某次试听课不感兴趣，就判断孩子"不爱学习""不学好"。也许再耐心地等一等，就会出现显著的变化，因为孩子有自己的成长节奏。像我家娃上小学的那一年，我明显感觉到他对以前酷爱的低幼年龄娱乐项目逐渐失去兴趣，转而对益智类、脑力类的游戏兴趣大增。所以，引导孩子学习是不必着急的过程，有的时候不是孩子不爱学、不上进，只是年龄没到，时机未到。

··如何定义孩子眼中的数学

说完了"尊重孩子的节奏"，再来谈一谈如何学好数学这件事情。其中很重要的一点是"如何定义孩子眼中的数学"。

暑假期间，我和家人逛街，路过一家幼小衔接的培训机构时，看到一个低头抽泣的小女孩和一个暴跳如雷的母亲一前一后地从里面走出来。只听见母亲怒吼道："'2+7'等于几你不知道？这你都能不知道？你每天吃的是猪食吗？看看你脑满肠肥的样子！脑袋上七窍都塞满了吧？今天回去我不把你的手爪子敲断我就跟你姓！你爸明天出差回来，可别说我没警告过你！"像这样的教养方式，带给孩子的感受是什么？是她在学习算术的过程中，伴随着艰难、恐惧、耻辱、自我怀疑……所以这位妈妈给女儿定义的数学是什么？是"打死你，你也学不好"的一门学科。

说到这里，我很感谢爸爸对我的数学启蒙。我小时候并没有那么多课程、App、游戏、绘本可以选择，但他带着我以"玩"的态度从按计算器计算"加减乘除法"开始，到用扑克牌算"24 点"，再到后来玩扫雷游戏……带领我开启了一个好玩的数学世界。

至今我都记得第一次感受到数学神奇之处的经历，小学二年级时爸爸告诉我："如果这个数字是'3'的倍数，所有位数相加后，得到的和还是'3'的倍数，不信你算算看。"那天，我拿笔算了好久，把所有能想到的可能性都考虑进去了，发现真的是这样！后来，爸爸出题的难度不断升级，比如"从 1 到 9 中任选 3 个数，排列出的所有三位数相加的总和，除以这 3 个数的和，商一定等于'222'"。在这些有趣的小游戏中，我感受到的是奇妙的乐趣和美感，爸爸给我定义的数学是"完美的、无懈可击的哲学和艺术"。所以我一直不赞同家长对孩子说"女孩子到了高中，数学就跟不上了"，"大学有棵很恐怖的树，叫'高数'，树下吊死了很多人"之类的话。这些话，或恶意或调侃，但都在暗示"你学不好数学"。

让孩子感受到数学是一门有趣的学科，帮助孩子掌握数学思维的方法，远比机械地刷题、做算术更加重要。因为逻辑思维能力不仅对将来数学考试有帮助，对学好其他学科也大有裨益。令许多人意想不到的是，学好语文一样需要逻辑思维能力，比如鹿老师大学时中文系的系主任曾是数学系教授。事实上，在我们日常生活中所做的任何分析判断，都需要用到逻辑思维。

"超前教育"不可取,"落后教育"也不对

某日,一位登门拜访的好友看到我家娃在电脑前学习英语,立即大呼:"你不是号称什么都不让孩子学的吗?你叫我们不要学,自己在家偷偷学,果然是个白天带着大家玩,回家偷偷学到半夜3点的心机之人!"

确实,我曾经多次发声反对超前教育,反对一部分毫无科学依据的"早教班"。但是我有我的原则。

第一,反对收割智商税的教培机构,比如闪卡智力开发课、婴儿社交课、右脑开发课等。我从来不反对正经的启蒙教学培训,毕竟"幼学如漆"——婴幼儿时期(0~6岁)是脑部发育的爆发期,神经突触连接迅速形成,这个时期接受相宜的知识是学得最快、记得最牢的。

第二，我们要以发展的眼光看待问题。我说孩子什么兴趣班都没报时，他才 3 岁，确实没有必要过早地接受比较复杂和系统的知识输入。现在他已经 5 岁了，可以开始培养和引导学习兴趣。我反对"超前教育""过度教育"，也反对"落后教育"与"不教育"。

美国 20 世纪六七十年代曾经有很多民间小团体（中国现在也有），倡导释放孩子的天性，不上学，也不接受教育，到海边、沙漠、田间地头自由生长，希望以此培养出有爱的、自由的人。但"自由生长"的结果是，这些孩子长大后，没有谋生能力，也无法融入社会，对事物没有任何兴趣，甚至连玩耍都觉得无聊。其实玩耍没错，自由引导也没错，但任何事情非黑即白地走上另一个极端都是反智的，过度"鸡血"和过度"自由生长"都是如此。而引导孩子塑造良好的学习习惯，不仅是家长可以做的，更是家长应该做的。

第三，不同年龄阶段适合学习的内容不尽相同。发展适宜性教育实践的一个基本原则是了解每个年龄段的发展特点。比如数理逻辑类的学习，建议 7 岁以后（进入"具体运算阶段"后）再开始学；而 7 岁以前（"感知运算阶段"和"前运算阶段"）的儿童，正处于通过语言、模仿、想象、符号游戏和符号绘画来认知和探索世界的阶段，这一阶段可以开始语言类、绘画类的启蒙。

第四，启蒙学习要结合孩子的实际情况。比如孩子没有音乐细胞，就别拿着鸡毛掸子逼孩子练琴；再比如我有朋友，夫妻都是语言学博士，他们家孩子从来不上语言班，跟着爸妈也学得挺好。启蒙学习没有统一的标准，并非在什么年纪就必须学什么，还是需要结合各家自身的情况，对具体问题进行具体分析。

这就是为什么朋友会看到我孩子在家学习英语——因为他的年龄合适、情况合适，而家长对孩子的学习任务也有引导和教习的义务。

我家孩子母语能力比较强，从小语言表达及接受能力都超出实际年龄的发展程度。但凡事都是有利有弊，母语强势导致的后果就是第二语言的接受度比较弱。当他已经可以用中文完整清晰地表达自己的需求和想法时，英文却只会说"yes"和"no"；当他中文能听懂四大名著的评书时，却看不懂英文版的小猪佩奇——天生的"惰性"会驱使人优先选择事半功倍的"工具"。正因此，他起初对英语学习非常排斥，我们经历过不少为了让他学习英语而和他"斗智斗勇"的趣事，也想了不少办法帮助他提升对英语的兴趣，但他基本上都是抱着不合作的态度，不是搂着我的脖子闹，就是故意别过脸去不听老师讲。

好在我们持续引导，他的学习状态有了很大的进步：到时间了，他会主动搬着小椅子坐到电脑前等待上课，对待课堂的态度开始变得认真；也会自己主动拿出英文点读本进行跟读；主动练习字母描红等。

在教育方面，我一直反对过度"鸡血"，反对父母以强压逼迫的方式教育孩子，也并不以教出"神童"为目标。我希望遵循儿童发展的自然规律，引导孩子自主产生求知欲和养成良好的学习习惯。我并不要求他小小年纪就掌握多少词汇和语法，而是希望他能够建立英语学习的兴趣，不断地进行输入和输出，由量变累积到质变。

兴趣是推动认识和探索的重要动机，如果孩子不喜欢英语，不管用什么学习方式，他都会带着负面情绪，学习效果也会不尽如人意。因此，在孩子英语学习的启蒙过程中，我基本以兴趣来引导，比如播放英文儿歌，儿童歌曲的歌词和曲调简单且重复率高，是幼儿学习语言的一个重要方式；生活中，在他感兴趣的话题中不经意地融入英文，例如他看《西游记》老鼋驮着唐僧师徒过通天河的情节时，我会故意说："老鼋不就是'turtle'吗？原来猴哥就是'monkey'！"

培养孩子的学习习惯是一个长期的过程，当孩子配合度比较低的情况下更甚，这对任何家长来说都是很大的考验。不过，在幼儿成长发展过程中，家长最重要的任务之一就是"教"！人类社会如此，动物世界亦如是，比如母兽会把猎物咬伤后交给幼兽追捕，就是为了让它在实践的训练中学习捕猎技能。有意识地引导孩子在玩和自由探索中认知世界，是为人父母必须学会的一项任务。

耐心帮孩子找到适合自身的学习方法

曾经有这样一则热搜"上海一父亲辅导作业怒捶墙导致手骨折",我看完之后不禁感慨万千。你们以为我要开始讲亲子非暴力沟通,发掘孩子的内驱力,对不对?其实,我想说的是,自从孩子上小学后,我的手也快要保不住了!

每每给孩子辅导学校作业,我气得眼前发黑、讲得口干舌燥、眼冒金星时,与孩子目光交错、眼神相对,发现迎来的总是孩子茫然无知的眼神。不管我如何春风化雨、循循善诱,在简单的题目面前,他总是说"听不懂""记不住"。但有时候我又惊讶地发现,一些有点难度的题目,他竟然都能答得上来,而且还能举一反三。

我问他:"为什么复杂的题目你听得懂记得住,简单的题目你反而学不会也记不住?"娃理直气壮地回答:"爸爸,太简单的题目太难学了。"我被他这句话气得无言以对,认为他上课没有用心学习,否则怎么可能难度高的题目会做,简单的反倒不会了呢?鹿老师说:"我觉得孩子说的有一定道理。你想想看,我俩的名字,你的简单,我的复杂,可是在陌生的社交场合中,经常有人记不住你的名字,但很少有人记不住我的名字。"经她提醒,我发现好像的确如此。

她接着又说:"我刚到香港的时候和一位朋友交流过繁体字的学习,我问她小时候学繁体字会不会觉得很难,她说一开始确实是难,但后来会发现越学越容易掌握。简体字好写易学,但是繁体字的系统性和逻辑性更强,掌握之后能够融会贯通,就不觉得难了。所以,有时候看起来复杂的东西,未必比看起来简单的东西更难掌握。"

鹿老师这么一说,我突然就释怀了。我相信,孩子并不是在乱说。

·· 逻辑性强的内容更易掌握

我们的大脑有节约能量持续运作的本能,它总是会想着如何偷懒。因此,大脑便衍生出一种倾向——偏好逻辑性更强的内容。这可能有点不太好理解,爱偷懒不是应该更偏好简单的内容吗?举个例子,请看下面这两串数字:

2679014385

0123456789

虽然两组内容相同,但第二组按照从小到大的规律排列,第一组则是随机排列,哪一组比较容易记忆?当然是有规律的第二组。这里所指的规律,即是按照一定的逻辑性进行排列。

我在研究老年心理学时,看到过一个实验:相比于老年人,年轻人更加善于总结规律(以一种逻辑性更强的方式组织需要记忆的材料)辅助记忆。而老年人不是不会总结,而是因为自身认知资源的限制,无法分心去进行额外的材料整理和组织工作。这一点上,孩子和老年人颇为相似,因为他们都处于认知不完善的阶段,可能无法从没有逻辑的内容中自行梳理出逻辑。所以,孩子难以理解和掌握一些成年人认为看似简单、实则逻辑性较差的题型(即不明白出题人的意图);而面对一些成年人认为复杂,但逻辑组织良好的内容,孩子却可以快速地理解并掌握。

··复杂内容更能激发认知的深加工

我曾在课堂上讲授记忆的特点时提到过:大脑将注意到的内容变为记忆储存时,编码(encoding)是必不可少的阶段。

所谓"记忆",可以拆解为"记—编码"与"忆—提取"两个阶段。外界信息输入感官,经过视觉、听觉、触觉等感官解码(未被注意的信息会被大脑丢弃)后进行编码处理,建立表征,便进入了短时记忆(不经常重复的信息会被大脑隐藏),短时记忆经过重复提取的深加工处理后可以进入长期记忆,回忆就是对信息提取的过程。

编码过程需要对外界刺激进行加工,其加工的精细程度决定了记忆的效果。如果只是表层的认知加工,基本可以判定不会掌握得很好（尤其是以后不再复述的）。但如果能够在意义层面进行深加工，将信息组成有意义的单元加以编码，掌握效果会好得多，而且会获得更多可提取的线索。

这就解释了为什么我的名字简单反而难以记住，鹿老师的名字复杂且特别反而令人过目不忘；也解释了为什么鹿老师的朋友觉得繁体字并不比简体字更难[①]，因为繁体字大量地、系统性地保留了传统的字根，学习者需要了解字根所包含的意义和它背后包含的历史文化，而对文化的了解又会促进对字词的理解，从而进一步加深了对书写的理解——因为认知调动了深层次的加工，对文字进行了更多意义层面的编码，而非仅仅将其视为符号进行表层的浅加工。

文字的学习如此，其他学科的学习、记忆和提取（掌握）也是如此。比如，孩子小时候，某次突然对我说道："爸爸，你知道我为什么吃火腿肠会开心吗？因为它的皮儿特别难剥，这就等于一个障碍物，里面的肠儿我又特别爱吃，这就是一个目标。这种跨越障碍获得目标的奖励机制，会刺激我的多巴胺分泌。"这番话很像我平时说话的风格，但是从他嘴里说出来还是有点令人惊讶，因为要记住这些名词术语真的不容易。我问他："这些术语你是怎么背下来的？"他很疑惑："啊，爸爸你在说啥？我没有背啊。"你看，那番话虽然复杂，但由于他对其中的意义进行了深加工，所以自然而然地就掌握了，还能灵活运用到生活场景中。

[①] 简体字与繁体字各有优势，此处仅做学术讨论。——作者注

反倒是我们认为简单的题目，费劲教半天，结果他5分钟就忘光了。这并不是孩子不用心，而是这些"简单"的东西，在逻辑性和意义性方面往往有所欠缺，无法调动认知的深加工，所谓的"小和尚念经，有口无心"即是如此。

至于看似复杂的题型，他却基本都能记住答题思路，这是因为他对解题原理进行了逻辑层面的深加工，能够举一反三。

需要强调的是，我并不是要批判学校的教学方式，不同的孩子适合不同的教学方法，学校的教学方法应该是被验证过适合大多数孩子启蒙的方式。我只是想提醒大家，当你的孩子怎么也学不好学校课本知识（尤其是一些成年人看起来超级简单的内容）时，先不要急于判定是孩子"没有用心学"，或者是太"笨"（虽然急火攻心之下，我也不免犯了这样的错误），也许他只是暂时没有找到适合自己的学习方法而已。作为家长，我们帮助孩子找到那条适合自己的道路才更重要。

"说教"为什么对小孩子不起作用？

很多家长可能都遇到过这样的问题：孩子不管上什么辅导班或者兴趣班，总是缺乏恒心和毅力，一开始兴致勃勃，上几次课后就哭着闹着不愿意去了，家长软硬兼施都收效甚微。所以我打算聊一聊如何让孩子在学习这件事情上，能更有常性。

我曾给孩子报了门课外班，价格比较高，家人叮嘱道："你可一定要告诉孩子，这个班可贵可贵了，让他一定要好好学，不能枉费爸爸妈妈的一番心血啊！"还有朋友抱怨说："孩子不听教怎么办？嘴说烂了都没用。我和孩子说她不是为我学的，是为她自己的将来打基础的。我循循善诱、苦口婆心，她倒好，为了多玩10分钟手机，立马跟我讨价还价！我这气血上涌啊！"还有朋友说："我告诉孩子，他不好好温习，明天考了倒数第一被人笑话的是他自己！但是他压根不往心里去，脸皮厚得很！"

对于上述情形，我的态度都是："快别白费力气了。"首先，这种说教方式对成年人和大孩子（至少10岁）来说，可能有一定作用，但对低龄儿童基本无效。因为上面说的这几种情况，都属于假想场景，需要用到更高级的认知功能：这种说教方式的内在逻辑是，孩子需要清晰地明白"如果我做了一件不该做的事，就可能引发不良后果，从而触发后悔情绪"，比如"如果不好好学习，爸妈交的学费就浪费了""如果考了倒数第一，就会被人笑话"；等等。关于假想场景，汉乐府《长歌行》中的名句"少壮不努力，老大徒伤悲"就是典型案例。

后悔情绪在决策中起到了非常重要的作用——相比于其他消极情绪如悲伤、紧张和焦虑等，人们可以更清楚地意识到后悔情绪。因为后悔是一种有助于决策的功能性情绪，产生后悔情绪很可能会导致后续行为的改变，因为人会本能地避免再次受伤。

如果将这种假想场景扩大，就会转化成这样一种说教方式：如果我做了某件应该做的事情，就会引发好的结果——"如果好好学习某项技能，将来就有更好的生活"。这是利用反事实思维引发人对未来的思考，从而影响一个人当下的决定。这种假想场景也很常见，例如"读书改变命运"。

因此，成年人经常会采用这样的策略——在决策前先假想结果，问自己能不能接受这样的结果。如果我们"预期"到后悔的结果，那么往往就不会选择做这件事；而如果"预期"到良好的结果，做的时候也就更有驱动力。

··体验后悔与预期后悔

然而，这些"反事实思维"或者说"假想思维"的说教方式对于低龄儿童根本不奏效。这是因为低龄儿童根本不具备预期后悔的情绪，或者说，没有通过假想场景进行反事实思考的能力。

"后悔"这种情绪可以细分为两类形式：体验后悔（experienced regret）和预期后悔（anticipated regret）。体验后悔，是指做出了错误决定并导致了不好的结果，因此体验到了已经发生的后悔；预期后悔则是指还没有做出决定，但在假想中预料到该决定可能导致不好的结果，由此产生的预期后悔情绪。

很多研究结果显示，3~4岁的孩子并不太具备后悔的情绪，不管是体验后悔还是预期后悔能力都不完善——通俗而言就是好了伤疤忘了痛，栽了跟头不长教训；5~7岁的儿童慢慢可以体验到后悔的情绪，这种后悔的体验能帮孩子更好地决策，但是他们只能体验已经发生的后悔，还不能够预期后悔，即所谓的"吃一堑，长一智"。而预期后悔的能力，在9岁以上的儿童身上才可能逐渐出现。

2014年，《儿童发展》杂志上发表了一项研究：研究者跟不同年龄的小朋友玩游戏，在他们面前放了两个装有代币的盒子，一个盒子里的代币多，一个盒子里的代币少，孩子们可以从中选一个盒子。在后悔情绪组（regret condition），每次小朋友都会选到代币少的盒子，同时研究者还会当着他们的面打开代币多的盒子。第二天，研究者还会与孩子玩相同的游戏，这次7岁组和9岁组的孩子学聪明了，会选择昨天没选的盒子（代币多），而5岁组儿童则相对没有明显变化。

由此可见，后悔情绪对孩子的决策确实是重要的，但是6~9岁的孩子一定要真实地体验到后悔，才会出现行为的改变；而5岁及以下的孩子，即便真实体验到了后悔，也学不会接受教训。既然"少壮不努力，老大徒伤悲""读书改变命运"等苦口婆心式的说教不管用，那么什么方式对孩子才管用呢？

··体验"即时的后悔"（奖惩制度）

让一个人体会到后悔情绪，是改变其行为的有效方法之一。但是通过上文我们知道，对于9岁以前的孩子说教没有用，这时就需要即时的奖惩制度来刺激。比如，孩子这节课没有好好上，家长不要唠叨"将会怎样怎样"，直接取消今晚的娱乐时间，要求他把没有好好学的课程补上，直到跟上进度为止，这就是让他立刻体验"即时的后悔"。当然，这招对于5岁以上的孩子管用，对于4岁及以下的孩子不管用，因为他们连体验即时后悔的情绪能力都没有。（不过说实话，这个年纪的孩子就让他们好好玩吧，这个阶段最重要的任务是从玩耍中探索世界，而非知识的灌输。）

··建立兴趣是主动学习的关键

除了即时的奖惩制度，最重要的是调动积极情绪——积极情绪能让孩子越学越有兴趣。前文中，我分享过自己最初对数学产生兴趣，得益于父亲用计算器启发了我探索的乐趣，因为用计算器按数字和通过"加减乘除法"得到结果，对我来说就像玩游戏一样。经常有人问我，小时候有没有立志"读书改变命运""长大了当科学家"。说实话，真没有。虽然我确实通过读书的路径成为学者，获得了不错的生活，但这些都只是"好好学习"的副产品。我在学习的时候并没有想那么多，只是觉得学习本身很有趣，而且学到的东西确实能解决很多实际生活中的问题。

我的体会是，不要让孩子过早地认为学习是一件极苦的差事——为了逃避这件苦差事和老师斗智斗勇；为了少写一道题跟父母讨价还价。

我曾经在孩子年龄比较小并且排斥知识技能学习的阶段，为他停掉大半年的兴趣班课程。当时家人都劝我："不要纵容孩子的怕苦畏难情绪，一定要让孩子学会坚持、坚持，再坚持。"当然了，我一向是虚心接受建议，但坚决不改的。因为我认为一味地"坚持不懈"，会让孩子觉得"学习=很难+很苦"，容易导致厌学情绪。

等到孩子长大一岁，不再排斥学习这件事，而且会玩一些游戏了（小的时候他连游戏都不太会玩），我再让他试着接触寓教于乐的启蒙类课程的时候，果然，他一下子就接受了。他不觉得那是"枯燥的学习"，而是一件很好玩的事情，他对做试卷、写作业的兴致都挺高，甚至把做习题当作玩游戏，有时甚至会一边写一边嘟囔："第一关通关！现在玩第二关了！"除此之外，他还主动要求在平板电脑上安装儿童学习类的应用程序，因为上课时"玩"不够，下课后还要接着"玩"。

当学习成为一件好玩的事情，孩子不用痛苦地坚持，就能够自然而然地长期持续下去。

5岁孩子动作慢,没有时间观念,是个大问题吗?

有位家长曾经向我提问:

老师您好!关注过不少您的文章,最大的收获就是在育儿路上少了很多焦虑。然而最近我不淡定了,原因是接到了幼儿园老师的电话和发来的一段视频。

我孩子今年5岁。视频里别的孩子都去玩了,只有他还在痛苦地吃饭,我看着很心疼。他不仅吃饭慢,做什么都很慢,而且遇到困难会畏惧退缩。老师说这会影响孩子的自信心,也让他少了很多和其他小朋友互动的机会,所以希望家长能够多给孩子树立一些时间观念。

我的孩子性子慢,不爱表达感受,谦让、谨慎,到了陌生环境学习新事物时喜欢先看先听。以前我也没太把孩子的"慢"放在心上。但现在老师专门打电话强调这件事情,我有些迷茫,想请教您如何看待这个问题。

视频内容是幼儿园课间活动时间,班上一群小朋友在玩玩具、做游戏,只有一个小朋友还在吃饭。他的动作很慢,看得出来在努力地咀嚼和吞咽。在和这位家长进一步沟通后,我了解到孩子并没有其他"问题",他与老师互动良好、与小朋友们可以正常沟通和玩耍,仅仅是性子慢而已。

孩子"动作慢""磨蹭""没有时间观念""几个字要写一个小时"的问题,有不少朋友也咨询过我。本文就以这位家长的提问为例,谈一谈我的几点看法。

·· 关于儿童树立"时间观念"的问题

人对时间的理解是慢慢发展而来的。例如:8个月龄的宝宝开始对时间顺序有了初步理解(他们知道要先打开盒子,才能够拿到里面的东西);1岁半的孩子已经可以凭借记忆重构过去的事件了(他们可以记得曾经去过的地方);但直到2~3岁,他们可能还不能准确理解时间——3岁的孩子并不能很好地区分过去和后来这两个词,也不能用这两个词来描述时间上相连的事件。

4~5岁是人类"时间顺序"概念长足发展的一个阶段。5岁孩子已经能较好地使用时间介词(之前、后来)来连接顺序事件了。不过,5岁(甚至是学龄前)孩子的时间概念可能也仅限于此了。

"时间概念"是一个多维度、复杂的抽象概念,时间顺序只是其中之一。除了顺序,对时间的感知(判断时间长短)也是很重要的任务——因为这个任务直接和"时间管理"相关(如果他都不觉得几个字写一小时是很慢的,又谈何"时间管理"呢?)。而我们通常所说的"树立时间观念",一般都是指学会"时间管理"。

但是这样的"时间观念"(即"时间管理"),是一种高级认知功能,是10岁前的孩子并不具备的认知能力。人对时间长度的认知,例如夏天有几个月、距离大年初一还有多少天,晚上睡了几个小时等,均属于发展较晚的概念。不少研究发现,5岁的儿童还不能很好地掌握时长的含义,10岁以后儿童才能逐渐学会准确地判断时间长度。注意,"10岁"仅仅是大概的划分,实际会存在个体差异,有的孩子可能早一些,有的孩子可能晚一些,甚至到11~12岁才能发展完善。

这就提示我们做家长的不用过度焦虑,随着儿童认知的发展,他们的时间概念和时间管理能力会越来越好。有些家长可能会问:"那就听之任之,不用管了吗?"当然不是。不焦虑不等于放任不管。家长需要做的,就是应该在生活中帮助孩子学习掌握时间的概念。记住,对时间概念的掌握,并非像很多线上培训机构所宣传的,掌握了一些套路或者模式就可以解决问题,而是应该在生活中潜移默化地渗透和灌输,让孩子从自己碎片化的经验中慢慢建立对时间流逝的感知。

你可以做个生活的有心人,引导孩子观察寒来暑往的四季变化，从而丰富他们的时间表征。我家孩子4岁时，看到节日期间小区物业在枯树枝上扎了假花来烘托气氛，露出了惊讶的表情，那个情形我至今记忆犹新。他瞪大了双眼问："爸爸，现在已经是春天了吗？"这说明他已经初步建立了"春天花会开"的认知，但对时间的流逝还没有形成准确的判断。再比如，你想让孩子知道几分钟实际上有多长，可以给孩子一个能感知的"度量衡"——一集《汪汪队立大功》的动画片大约是20分钟，一集《小猪佩奇》的时长是5分钟，如果说"你20分钟后必须睡觉了"，就意味着它是看一集《汪汪队立大功》或者4集《小猪佩奇》的时间。

··"慢性子"是个大问题吗？

儿童的气质类型主要分为几大类：

容易型。这类儿童容易养成生活节律，容易适应环境变化，对陌生的人、事、物反应积极。通常，"吃了就睡，醒了就笑"，不哭不闹的"天使宝宝"就是这种类型。

困难型。这类儿童生活节律非常难养成，较难适应新环境，情感强烈、需求高、敏感、精力旺盛、分离焦虑严重。黏人、爱哭闹、不爱吃饭、不好好睡觉的孩子通常就在此列。

迟缓型。这类儿童活动水平低，生活规律但偶尔紊乱，性格安静、情绪温和（无论好情绪还是坏情绪体现出来都是温和的，而非强烈的），适应环境的速度比较慢，常会出现退缩反应。生活中人们常说的憨厚、胆小、不自信、慢性子的孩子往往属于这一类型。

除了以上三种，还有一些其他的混合型气质。而向我提问的这位读者，她的孩子可能属于"迟缓型"。有些家长可能要着急了：我的孩子是"困难型"或"迟缓型"！这可怎么办？能改吗？好改吗？怎么改？

需要明确的是，"容易型""困难型""迟缓型"只是按照养育者对儿童日常活动的观察而进行的气质特点的划分（类似于成年人的人格特质），它不是病情诊断。在汉语语境中，"困难""迟缓"听起来是比较负面的词汇，但在儿童的气质类型里，它们都是中性的，并不代表这两类孩子有问题。

在正确、良好的养育方式下成长，"困难型"和"迟缓型"儿童成年后的个人成就、性格脾气和主观幸福感并不会低于"容易型"儿童。不同的孩子长大会是什么样，主要受到养育者态度的影响，而非气质类型本身的影响。例如，"困难型"的孩子情绪敏感性本身就很高，如果他常年接受的是家长的粗暴对待，没有学会正确的情绪管理方法，可能会成为情绪更容易激动的人。但如果他得到了家长足够的爱、陪伴和安抚，有足够的安全感，长大了往往可能更加心胸开阔、更加善解人意。

"迟缓型"儿童看似不够机灵，不够落落大方，学什么都慢半拍，远不如其他同龄孩子"上台面"，但这类孩子如果得到家长的耐心引导，往往可能更有恒心、有毅力，遇事能默默坚持，很多大器晚成的人才都具备这类品质。

总而言之，气质类型可能会让他们成为不同性格的人，过上不同的人生。但其人生的境遇，并不由气质类型决定，好的性格主要在于父母良好的养育和耐心的引导。

那么，我们应该用什么心态去应对孩子的"慢"呢？回到本文开篇中的案例，那位家长告诉我："我对孩子的老师说，到点儿了没吃完就别让他吃了，不给他惯这毛病。但老师说这样的话孩子的营养会跟不上，不赞成这种做法。"

我说："他愿意吃就慢慢吃吧。不让他吃完，不仅营养跟不上，也会给他造成更大的心理压力。你看视频中他的眼神，明显是感受到压力了，吃饭成了一种负担。有的人就是慢性子，何必每个人都得统一步伐呢？"

这位家长又问："那我是不是赶紧和老师打招呼，让老师别催促他了？"

"这样也没必要。他可以选择慢慢吃，也可以选择不吃。大人可以叫他快一点，也可以不催。关键点在于别把这件事当成太大的事儿。"我说。

家长疑惑道："可是不和老师打招呼的话，孩子达不到老师的要求，自己不是也会有压力吗？"

"他可能会有压力，但这是他在社会化过程中必须经历的。没关系，压力本来就是人生的一部分呀，但是家长人为强化这个压力就没必要了。本来50分的压力，他自己是能够消化的，但是家长又特意重点圈出来，每天敲黑板强调，压力值就可能变成100分，反而超出他可以自我消解的范围了。"

家长说："好的，我知道了。我以前觉得性子慢其实不是大事儿，但是老师特意打电话讨论，我才开始怀疑自己。这样看来，是老师的做法不对吗？"

我说："不能说老师不对。因为很多事情本来也不是非黑即白的,解决方案也不是要么放任不管,要么就反应过度。老师站在幼教的立场,希望孩子们可以统一节奏,培养自理能力,这完全没错。你站在家长的立场,应该配合老师的工作,算是回报老师对'慢进度'孩子的照顾;但与此同时也不要自乱阵脚,反过来再影响孩子的自我效能感。本来是件小事,你如临大敌,孩子也会感受到的,他会觉得'这是我的缺陷',这样更容易影响他的自信。"

千言万语化作一句智慧之言:耐心引导,顺其自然。

父母的协助是孩子成长的"脚手架"

之前网络上有两篇文章让我觉得挺有意思的。第一篇文章是《毁掉一个孩子,就让他以喜欢的方式过暑假》。作者讲述他为儿子提供了优渥的生活,暑假也选择了闲暇舒服的旅行方式,不承想却养成了儿子享乐主义的坏习惯。现在的结果是,儿子出去爬山嫌累,住民宿嫌差,吃顿饭嫌不合口味,每天只想躺在空调房里打游戏,在毫无压力的状态下优哉游哉……因此,他得出结论:"快乐学习是世界上最大的骗局""放暑假一定不能让孩子太舒服"。

另外一个在网络上颇受关注的事件是,一名六年级小学生凭借"C10orf67在结直肠癌发生发展中的功能与机制研究"的课题,获得了全国青少年科技创新大赛三等奖。新闻后续报道,发现这名学生的论文课题是他父亲"过度参与"的结果。此后，网络平台接二连三地向我推送好几条类似的神童新闻。

说实话，刚看到这些天才儿童的表现时，我心头一紧，感觉到后浪压顶——毕竟我在他们这个年纪的时候，满脑子都是放学路上怎么用鞭炮崩牛粪。为了对抗由此产生的自我怀疑，我决定重温发展心理学界祖师爷们的经典理论。

首先是皮亚杰。前文我们已经介绍过皮亚杰的认知发展阶段理论，个体的认知发展从出生到青春期分为四大阶段：第一阶段是"感知运动阶段（0~2岁）"；第二阶段是"前运算阶段（2~7岁）"，上文中我反复提到这一阶段的孩子不懂数理逻辑的知识是很正常的，家长不用着急上火；第三阶段与第四阶段分别是"具体运算阶段（7~11岁）"和"形式运算阶段（11岁至成年前）"，对应着"学龄期"与"青春期"。这两个运算阶段的特点是：逐渐能够理解一些比较抽象的概念（如基因、癌症等），但仍旧离不开具体内容的支持。

随着年龄的增长，儿童的抽象逻辑推理水平会不断提高，并进行一些假设性的思考，做出逻辑性的推理——这种能力，青春期的孩子（即初高中生）会表现得更明显。但即使如此，他们的思维仍具有表面性的特点（即在分析问题时经常会被事物的个别特征和外部特征所困扰，难以深入事物的本质）。这也是我压根不相信12岁孩子能够掌握这么复杂的基因研究理论并且获奖的原因。（天才儿童当然是存在的，但是近年来天才儿童的爆出率远远高出了正态分布应有的比例。）

那么，上述理论与我提到的第一篇文章《毁掉一个孩子，就让他以喜欢的方式过暑假》又有什么关系呢？这里咱们就要请出发展心理学的第二位祖师爷——维果茨基。

维果茨基有两个非常著名的观点，其中之一是："教学应该走在发展前面。"比如有人会问，我家孩子天生聪明，可以提前学习高深莫测的理论知识吗——可以是可以，但维果茨基也认为给予孩子的应是"适当的教学提前量"。这意味着既不能放任不管，又不能拔苗助长。

回到上述第一篇文章，作者有些观点我持赞同意见，如他反思道"旅行的意义在于开阔视野、刷新认知"，而不是"习惯轻轻松松得到快乐"。但他错在哪儿呢？在于他起初纵容孩子耽于享乐，不设置"适当的教育提前量"，不提供正确的引导和指导；而发现不对劲之后又走上另一个极端，认为"快乐学习是天下最大的骗局"，决定要人为地给孩子设定"苦其心志，饿其体肤"的难关。

其实，教育当中最难把握的就是"适当"二字，所以维果茨基又提出"最近发展区"的概念，来解释什么是"适当"的"提前量"。根据维果茨基"最近发展区"理论，儿童的能力发展分为实际发展水平、最近发展区和潜在发展水平。其中，儿童能独立完成的任务即儿童实际发展水平；儿童在他人的协助和支持下完成了任务，突破了其实际发展水平，达到了潜在发展能力，这便是最近发展区。当任务难度超过了儿童潜在发展水平，即使儿童在他人的协助与支持下，仍旧无法完成任务。

简言之，"最近发展区"意思就是儿童在成年人的帮助之下"跳一跳能够到"的难度，是最"适当"的提前量。如果家长给予的"提前教学",儿童"跳三跳"也够不着,那便是"过量";如果家长不预留提前量,孩子只需完成"不跳也够得到"的简单任务,则是"不足量"。

另一位著名的心理学家布鲁纳提出过一个特别形象的理论——脚手架（scaffolding）理论。孩子的成长就像是起高楼,父母之于孩子就像脚手架之于楼房一样,起到辅助和支撑的作用。

脚手架的构造,每一级都很短,有点类似于知识积累的量变到质变的过程。上文中提到的两篇文章,第一篇文章中的父母一开始没有给孩子提供这样的脚手架,只是一味地让孩子耽于享乐;而第二篇文章中的父母提供的脚手架又太大、太空。这两种方式都无法辅助孩子健康成长。前者的极端在于,父母不搭脚手架,指望着"望天收",而平地怎么可能凭空起高楼呢?后者的极端在于不够稳扎稳打,父母把脚手架搭得太大、太空,"偷工减料"容易导致"豆腐渣工程"——孩子在这个过程中也容易走向两个极端,不是尝到严重的挫败感和焦虑感,就是急功近利、学会弄虚作假。

那么,什么才是好的脚手架呢?或者说家长应该如何起到辅助的作用呢?这里有一些具体的形式:

1. 用模仿的方法去示范。
2. 列举实例,用具象的实物、现象去解释抽象的知识。
3. 启发式提问。

如果成年人能够以上述方式给予儿童帮助，儿童就会比较容易吸收仅凭自己的认知无法理解的知识。好的教学方式，一是符合人们对"快乐学习"的认知，二是符合"用具象实物（游戏）解释抽象知识"，三是符合"脚手架"的合理搭建。

··关于"快乐学习"

快乐学习其实从来都不是"骗局"，但很多人容易望文生义，产生误解。快乐学习，本意指的是父母在引导孩子认识世界的过程中，给孩子提供符合年龄的辅助，设置适当难度的任务，给予适时的积极反馈，养成孩子的良好习惯和求知欲。快乐学习从来不是说，让孩子躺下来满地打滚儿地玩耍，什么时候他足够"快乐"了，就会自发自动地想"学习"——这是不可能的。

比如暑假期间，我会带着孩子捉知了，找蝉蜕——有人可能会认为这是瞎玩，不是学习。其实在玩耍的过程中，我可以趁机教孩子什么是"不完全变态发育"，"口器"对昆虫有什么作用……孩子玩起来不怕热、不怕累，也不嫌时间长，这样既能玩得开心又能学得牢固，学习的过程中孩子也特别专注。孩子在生活中可以接触到水、电、磁、力、光、色，自然而然地会对科学知识产生感性认识，如此一来，在无形的教导中就自然地掌握了书本上需要死记硬背的知识。

··关于"用具象解释抽象"

既然谈到了感性认识，再次强调下：在给孩子传授理论知识时，千万不能脱离"具体的实物"。根据皮亚杰的理论，他非常强调思维的直观性——无法被直接观察到的东西，是很难被儿童理解的，11岁以下的孩子对这方面的要求尤为突出。

孩子需要实实在在看到具体实物，才能把观察到的现象内化到自己的知识体系内，在表象知识的积累之下实现量变到质变的跨越，从而产生自己的思考和总结。

··如何搭建"脚手架"

"脚手架"理论认为，当孩子开始学习新的概念或技能时，一开始会非常依赖成人的支持，但此后儿童在思考、掌握的过程中，会变得越来越独立，此时家长的支持就可以逐渐退出了。

有的家长陪孩子时，往往希望孩子可以自己玩，不要烦家长，这就容易导致孩子沉迷于手机游戏，看动画片——因为这些玩法并不需要什么亲子互动，同时对孩子的成长也并没有什么帮助。

同理，孩子在探索世界的过程中，肯定需要父母的协助和讲解，这就是搭建"脚手架"的过程。很多投入当时不起眼，但拉长时间来看，就能看到很多变化。

第三部分

成为自我:
成长的终极目标

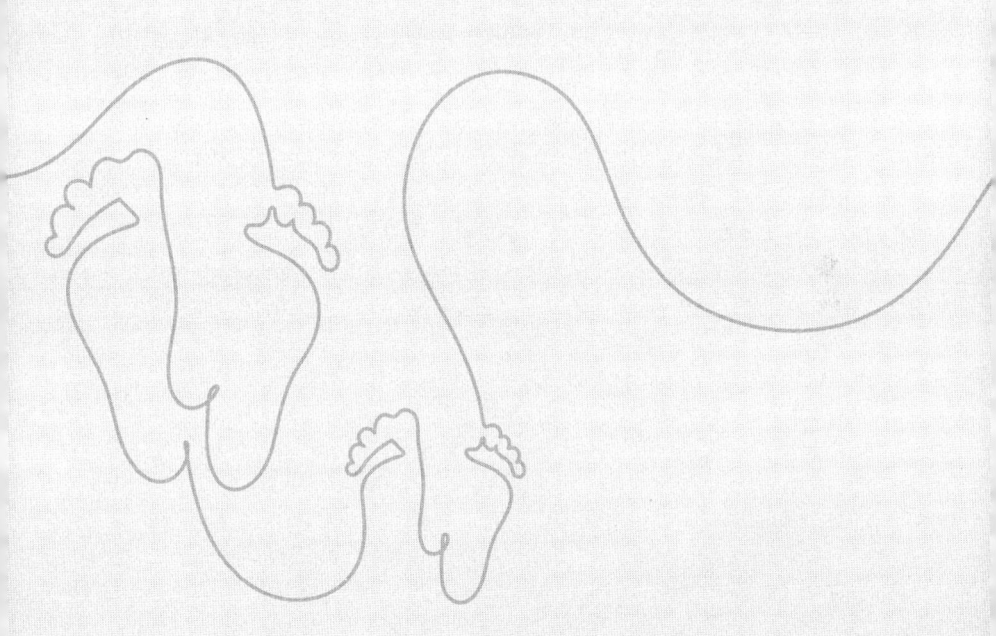

本部分结合埃里克森、费斯汀格等心理学家"心理社会发展阶段理论""自我同一性""社会比较""认知失调"等相关理论基础，阐述儿童自我概念建立的途径与形成的依据。自我方面主要涉及自我同一性的探索与发展，社会化方面主要涉及社会比较与朋辈压力等，为家长找到合适的教育方法，为其支持孩子探索自我提供参考。

把生活的参与权交还给孩子

周末带孩子出去玩的时候,我看到一位妈妈正举着奶瓶给孩子喂奶。孩子看起来两三岁了,伸手去拿塑料奶瓶。妈妈不让,一定要喂;孩子不喝,非得自己拿。经过几个回合的"太极擒拿手",孩子生气了,打翻瓶子大哭大闹;妈妈也怒了,抬手揍孩子,边揍边说:"我今天不教你做人,将来进了社会就会有人替我教你!我一天天掏心掏肺地伺候你,到头来还得受着你这臭脾气!我怎么会生出你这么个不省心的东西!"

前文中我提到过,并不反对以教育为目标的适度惩戒,赞同家长给孩子建立规则意识、塑造行为。但是,在儿童发展的过程中,家长要分清哪些情况应该对孩子进行惩罚,哪些情况不应该惩罚。有人问我,如何在孩子"犯浑"的时候克制住暴脾气？其实，如果家长知道某种程度的"犯浑"是孩子成长过程中的正常阶段，是必经之路，就不会觉得有什么可值得动怒的。因此，在上述情况中，家长不应该责怪孩子、惩罚孩子。因为根据埃里克森的心理社会发展阶段理论，两三岁的孩子正处于"自主对自我怀疑"的阶段（见表3）。

表3　埃里克森的心理社会发展阶段理论

大致年龄	危机	充分解决	不充分解决
1岁半以前	信任对不信任	基本信任感	不安全感、焦虑
1岁半至3岁	自主对自我怀疑	知道自己有能力控制自己的身体、做某些事情	感到无力完全控制事情
3至6岁	主动对内疚	相信自己是发起者、创造者	缺少自我价值感
6岁至青春期	勤奋对自卑	丰富的社交技能和认知技能	缺乏自信心，有失败感
青少年期	同一性对角色混乱	作为一个人，有舒适的自我感：明白自己是谁、接受并欣赏自己	碎片化的、变化不定的自我感，不清楚自己是谁
成年早期	亲密对孤独	有能力与他人建立亲密的、需要承诺的关系	感到孤独、隔绝；否认需要亲密感
成年中期	繁殖对停滞	更关注家庭、社会和后代	固着于自我放纵，缺乏未来的定向
成年晚期	自我整合对绝望	圆满感，对自己的一生感到满意	感到无用、无价值，沮丧

资料来源：理查德·格里格.菲利普·津巴多.心理学与生活（第19版）[M].王垒，等译.北京：人民邮电出版社，2016.

"自主对自我怀疑"阶段，正是孩子自主意识逐步萌芽的时候，这时孩子有自己解决问题的强烈意愿，同时，特别喜欢模仿大人的行为，而且模仿能力也非常强。因此建议家长在确保安全的情况下尽量放手，给孩子提供模仿的空间，经历过几次失败之后，孩子的技能通常会有突飞猛进的增长。

像上述情况，孩子明显是想自己拿着奶瓶喝奶，这时就应该让他多尝试，或许他第一次喝不好，但是多试几次就会有进步。也许有读者会问："他还是个孩子，怎么能样样都随他？他把牛奶洒一身，不用换衣服吗？换下来的衣服不用洗吗？"

首先，洗衣机不是摆设。其次，在开始聊为什么家长应该鼓励并支持孩子自己尝试之前，我想先谈谈一个哲学问题——"我"是谁？

并不是所有动物都知道这个问题的答案，而人类也不是一出生就知道。如何证明？这就不得不提及心理学中最经典的"点红实验"。原料和工具都很简单：一面镜子、一支口红。测验过程如下：趁孩子不注意的时候，把口红抹到孩子的鼻子上，再将孩子抱到镜子前，观察孩子的反应——主要是观察孩子看到镜像中"红鼻子小孩"后的反应。

如果孩子看到"红鼻子小孩"后知道去摸自己的鼻子，那么基本可以确定他已经有了自我意识，因为他知道镜子里的小孩是自己；如果他去摸镜子里的"红鼻子小孩"，说明他还不知道"我"是谁。就像一头没有自我意识的小豹子在照镜子时，会绕到后面去找镜子里的"我"，甚至会对镜子里的"我"做出攻击行为。

点红实验可以证实，"自我"意识并非人类与生俱来的能力，而是在14~18个月龄时逐步觉醒的。当孩子自我意识觉醒但还没有学会社会规则的时候，他能够清晰地认识到自己的需求，却还不懂得如何与人正确相处，因而会出现大哭大闹、大喊大叫等"熊孩子"行为。家长需要耐心地引导孩子学会正确地表达自己的需求，以及协调自己需求与他人需求之间的冲突，这可能需要几年的工夫。

可以说自我意识的萌芽，正是一个人独立性的起源。在没有自我意识的时候，一个人不会意识到自己的主体地位，只觉得自己是养育者的附属，是客体世界的一部分。直到自我意识觉醒了，他才会知道：我就是我，和其他人不一样。这就回答了上面的问题：为什么应该让孩子自己摸索着尝试？因为他进行的一系列探索和尝试，以及独立完成的行为，正是他尝试建立自己的生活模式，完成从一个"小动物"到"真正的人"的蜕变的过程。

2~4岁的孩子在这一阶段的发展任务就是要培养自主感，克服羞怯与自我怀疑。如果家长一味包办，处处设限，不给孩子探索和尝试的机会，孩子就完成不好任务，导致羞怯感压倒自主感，可能会因此变得懦弱、缺乏信心、畏首畏尾。

其实在孩子要自己拿杯子喝水这件事上，我和家人有过类似的争执。我家孩子1岁多的时候，从某一天开始突然再也不肯让大人用吸管杯或汤勺喂他喝水、喝汤，非要自己拿着敞口杯喝。结果，他一仰脖子，水倒得满脸都是，衣服和地板也都被弄湿了，他自己也呛得直咳嗽。

老人一方面心疼孩子呛得难受，另一方面也觉得清洗衣服和擦地板麻烦，于是禁止孩子自己倒水喝。孩子抢不着杯子，急得边哭边闹。当时，我是唯一支持孩子的人——如此几次，孩子很不给我面子，还是喝得满脸都是水……于是，家里召开了一次针对我的批评大会，责怪我不该什么都由着孩子的性子来："你是给了孩子'爱与自由'，可还要不要立规矩？汤洒地板上了，你来擦吗？汤汤水水倒衣服上了，你洗吗？孩子着凉了怎么办？孩子呛水咳嗽，你不心疼吗？"

我回答："汤倒地上，我来擦；衣服脏了，我来洗；他被水呛到了，我也心疼，但是我保证再尝试几次，等他学会了就不会呛着了。另外，如果沾点水都能着凉，最重要的问题就不是怎么喝水，而是该好好增强体质了。"

在我的坚持下，孩子进步很快，有一天突然就顿悟了，掌握了自己举杯喝水的方法，自此以后再也没把水洒出来，也没被呛着。

其实这样的例子并不少见。孩子出生前，我和鹿老师养过一只名叫豆包的小猫。一次鹿老师喂猫宝宝豆包吃海鱼，她怕豆包被鱼刺卡着，便帮着剔鱼刺，再把剔好的鱼肉送到猫咪嘴边，结果小猫嫌她动作慢，劈爪就去夺鱼，鹿老师说着"你等会儿"，但小猫可不理会，不耐烦地伸爪挠鹿老师……鹿老师气坏了，委屈地说："我这么爱它，都是把剔好的鱼肉递到嘴边，它竟然还挠我！""你有没有发现，你在帮助一只猫吃鱼！"听我说完，她自己也笑了。

"学会放手"说起来简单，真正行动时却常常容易被忽略。

家长大包大揽，结果往往是出力不讨好，你的付出感动了自己，却激怒了孩子；你深感被辜负，孩子却只想摆脱你的"奉献"。

　　经常有人问我，应该如何培养孩子的独立性？我的回答是：这其实不用"培养"。就像猫会吃鱼，鸟会飞翔，狮子会捕猎，羚羊会奔跑，学习独立生活的技巧，几乎是所有动物的本能。父母只要学会控制住自己想要大包大揽的心，少插手，不过多干涉，不包办，把对生活的参与权交还给孩子，孩子自然就能学会独立。

父母需要"懒"一点

谈及家长大包大揽的问题,我不由得又想起了另一个案例。曾经有一位家长朋友抱怨:"我家孩子可能是被保护得太好,所以比较脆弱。我们做得越多,他问题越多。"

我问道:"孩子碰到什么问题?"

"我什么都给他打点周到了,他还焦虑、抑郁、厌学。他都快18岁了,我们还能管他一辈子吗?这样为他操碎了心,哪天是个头啊?"家长说。

"听您的说法,您平时对他照顾得比较多。"

那位家长倾诉道:"是的,我可能是比较喜欢包办的家长吧。他从小到大什么活儿都不用干,一切和学习无关的事情,我都替他料理妥当,包括帮他削铅笔,就连吃苹果,都是切好后插上牙签，递到他嘴边。学生的学习时间争分夺秒，多紧张啊！我这么做就是为他节省一切时间和精力，只要他把学习搞好了就行。我处处替他着想，总共就只要他做好学习这一件事儿，结果他都做不好，还闹情绪要看心理医生，也没法上学了！真是不知道我们当父母的还要做到什么程度才算好。"

"问题就出在这儿——孩子的问题不是18岁才有的，是从他小时候一点一点累积起来的。"我提醒道。

·· 大人需要"懒"一点

很多家长会感到困惑："我到底还能为孩子做什么，他才能更好地发展？"其实家长往往不是做得太少而是做得太多，家长应该考虑的不是"还能做什么"，而是"什么能不做"。

发展独立性是培养成就动机的一个重要途径——父母允许孩子独立活动，让他们自己决定做什么事情并给予奖励，将有利于孩子成就动机的发展。如果孩子进行的各种活动都是被安排的、被动的，甚至被迫的，自然也谈不上能够获得什么奖赏，那么他的成就动机就得不到发展。虽然他也会参与活动，但并没有动力把事情做好。

父母"懒"一点，孩子就会勤快一点。当孩子有热情建立自己的小世界时，千万不要阻拦，不要插手，也不要泼冷水。家长不在旁边干涉，安安静静地当一个观察者就很好。需要注意的是，这并不意味着对孩子不闻不问、不管不顾，而是当孩子需要帮助的时候你再出现，让他知道有亲人在背后默默地支持着他，是他的后盾。

那么，如何判断孩子什么时候需要帮助呢？很多人误以为孩子搞不定、做不好的时候，家长就该出手帮助了。其实不是。如果发现孩子搞不定，你可以先观察他自己能不能想办法解决；如果他确实无法解决，或者主动求援说"我需要帮助"，才是家长应该提供支持的时候。

比如我家每次出远门，孩子都是自己收拾行李、搬行李。一开始，不可避免地会出现东西塞不进行李箱，或者搬箱子掌握不好用力角度的情况，老人看见便会忍不住想要帮他。即使孩子明确表示了拒绝，长辈还会坚持想出手。这种情况下，我一般会制止老人："孩子说不用帮，那就是他不需要帮助。"

真心想帮一个人，就要看得到对方的真实需求，而不是满足自己的需要。假如你看着着急就非要出手，那只是你在缓解自己的焦虑而已。如果孩子的需求是追求解锁的过程，你却提前"剧透"，将答案直接放到他面前，他还高兴得起来吗？我相信带孩子去果园体验采摘的朋友，都有这样的体会：孩子的乐趣在于爬上树摘果子的那个过程，他够不着的时候你帮忙摘下来，他反而会不开心。

·· 尊重孩子思考和选择的过程

很多育儿类书籍都提到一点：像和成年人对话一样与孩子对话，比如不要对孩子说"叠词"（不要说"吃饭饭""睡觉觉"），这样有助于培养孩子像大人一样去表达。

但我认为，这对"像大人一样说话"的理解，有点拘泥于表面了。真正地像与成年人一样和孩子对话，说不说叠词并不是关键,而是需要你真诚地把孩子当作一个平等的沟通对象,将话语权和选择权交给孩子,而不是你说什么孩子就听什么这样简单。

我们做任何与孩子相关的决定时,最好都能多问问孩子的意见,让他提意见、做选择和陈述理由。比如以前和朋友一起出游,商量去哪儿玩、住哪里等问题的时候,我都会说:"等我问问儿子的意见。"朋友笑了:"他才豆子一般大的孩子懂什么,还不是你说去哪儿就去哪儿?"我说:"既然是全家人的旅程,总不能只要我们家长开心就可以了吧,他也应该参与进来啊。"一开始他确实不太懂选择,但是试过几次之后,他就知道如何做决定了。

再比如他4岁多的时候,我问他5岁生日时想要什么礼物。他说:"我想要一只灯泡形状的水瓶,但不要玻璃的,要塑料的,如果没有就不用买了。"母亲表示:"哎呀,他知道个啥,给他买礼物就不错了,还挑三拣四的。以后这个家难不成还是他做主呀?"

"先听听合理不合理嘛!"我对母亲说完,接着又问孩子:"你不要玻璃瓶的原因是什么呢?"

他答道:"我手小,万一抓不住玻璃瓶,把它砸碎了,那不是白买了吗?而且地上的玻璃碴还容易割伤脚,所以如果没有塑料的就不买了。"

旁边的邻居大笑道:"这么个小屁孩,说起话来怎么像大人一样。"邻居觉得他说话像大人,并不是因为他不说叠词,而是因为他在对话中表现出他会思考某个行为可能产生的后果,是这个思考的过程"像大人一样"。

再回到开头那位朋友的疑问，为什么他们为孩子操碎了心，孩子的问题反而更多了呢？当然，这和每个人天生的性格脾气、人格特质等因素有关系，但是家长手伸太长、干预过多，也是导致孩子出现种种问题的重要原因。

我在讲青春期建立"自我同一性"的问题时经常提到，得到家长充分的尊重，拥有充分的选择权、决定权的孩子，会建立比较完善的自我同一性，在遇到问题的时候会勤于思考，善于决策，因为他做事有动机、有目标、有内在的驱动力，他去做一件事情不是为了达到父母的要求，不是为了让别人满意，而是因为懂得自己内心真实的渴求，并且享受追求内心渴求的过程。（关于"自我同一性"的话题，我将在后文展开陈述。）

相反，如果青少年在这个阶段，因为父母包办太多导致寻找自我同一性的尝试被阻断，可能会出现"同一性早闭"的现象，产生行为保守、墨守成规、缺乏主见，甚至情绪障碍等一系列的问题。此后他做任何事情的初衷很可能就不是因为自己真心喜欢，而是因为要听从父母的安排。

父母可能确实是呕心沥血地替孩子事事考虑周到了，但是你将他的事情都干完了，他还干什么呢？你替他把决定都做了，他还思考什么呢？你把他的日子都过完了，他还过个什么劲？

你所有的帮忙，都会一点一点抽干他的生命力，最终让他变成一个失去思考力、失去行动力、失去活力的人。

如何帮孩子克服学习上的退缩感

前文提到过，我在孩子不满 5 周岁的时候，便开始为他启蒙英语，原以为他会像我当年一样沉浸在知识的海洋里无法自拔，没想到他并没有遗传我的"学霸"基因。在引导他学习英语的过程中，我遇到了阻碍。为了逃脱掉几分钟的学习任务，孩子使出了浑身解数和我斗智斗勇，一学习不是头疼就是脑热，不是喝水就是上厕所，还学会各种讨价还价的"套路"。

埃里克森在心理社会发展阶段理论中明确指出，3 至 6 岁的儿童正处在"主动对内疚"的矛盾当中。"主动对内疚"的意思是儿童都有探索世界的主动性，但是这种主动性如果受到现实的打击，例如做不好，就会令其产生愧疚感从而退缩。在这一时期，如果幼儿的探究行为受到鼓励，将有利于他们形成主动性，为其将来成为一个有责任感、有创造力的人奠定基础。反之，如果他们的探究行为受到打击，幼儿就容易产生自惭形秽的自我感觉，逐渐失去自信心，今后会更倾向于生活在他人为其安排好的狭窄圈子里，缺乏开创幸福生活的主动性。

如果能很好地解决这对矛盾，将有助于培养儿童的目标感，培养孩子带着明确目标做事的能力。因此，为了给孩子启蒙英语，更本着培养孩子学习毅力与做事目标感的出发点，我都认为有必要好好引导他学习英语。但我的原则是以教育和引导为主，我不愿意用逼迫的方式去强迫孩子学习。

第一回合　强化与惩罚

首先，我使用"强化与惩罚"的方式来引导孩子，比如每次单词发音正确，就奖励他一颗糖果；发音错误，就取消10分钟的娱乐活动。

这一招开始还管用，但时间长了，孩子都怀疑人生了。每天，我和鹿老师追在他屁股后面循循善诱："宝贝，你最爱喝什么——juice；你最爱吃什么——cake。答对了，就把蛋糕和果汁给你哦！"结果，儿子问道："爸爸妈妈，我们都是中国人，就不能好好说中国话吗？为什么要装外国人呢？"这句话当时真把我给问住了。

第一回合，我和鹿老师败北。

第二回合　外部动机

我和鹿老师说："孩子问得对，我们都是中国人，为什么不能好好说中国话。既然他都不知道为什么要学英语，肯定没有学习的兴趣。强化与惩罚只能起到辅助作用，我们应该让他感受到英语的用途，这样学习才会有动力。当初我们也没刻意教他认识汉字，但是为了认清各种不同的井盖和水管的用途，他自己记住了上面的所有汉字，还能做到过目不忘，举一反三，这就是动机的力量呀。"鹿老师也表示赞同。

于是，我开始了第二回合的引导："你看呀，你最爱看的动画片《汪汪队立大功》《小猪佩奇》，它们原本都是英文的。如果你学会了英语，就可以看原版动画片了。"结果，孩子反驳道："没关系，我不用看原版的，中文版的也挺好！"我换了个角度说："你以后去国外游玩或者学习，学好英语才能和别人交流啊。"孩子思考了一会儿，大方地表示："我可以教外国人学中国话呀，这样我们不就能交流了吗？"考虑到他对出国旅游和学习没什么概念，确实这么说他不太能理解。

接着，我又从他的兴趣切入，试图激发他的学习动力："宝贝，你不是说长大了想当医生吗？很多医学书都是英文的，如果你不会英语就看不懂它们，那可当不了医生啊。"孩子认真地思考了一会儿，问道："爸爸，学中医也要看英文书吗？"

第二回合，我和鹿老师再次败阵。

第三回合　内在动机

我们家"学习英语积极性引导小组"的工作开展正陷入僵局之时，问题却意外得到解决了。这还要从乐高拼搭开始说起：孩子从小就爱玩乐高，随着年龄的增长，乐高拼得越来越有模有样，为此没少被人夸。母亲和岳母都劝我："给他报个乐高班吧！总得报个班学点什么吧？"

我想乐高拼搭是孩子喜欢的，去学学也好。于是，我便带着孩子去几家机构上了试听课，结果问他意见，他却不肯报班学。

家人很着急："这也不学那也不学，这孩子就是不爱学习！怎么办呢？"对此，我并不赞同："不爱学习的孩子会对着井盖上的字自学识字吗？没人教过他，他都会写好多字了。他不愿意去，肯定不是因为不爱学习。"

我又去问孩子："你不是很爱玩乐高吗？为什么不肯报乐高班呢？"孩子回答道："爸爸，你们别让我学乐高了，我还是好好学英语吧。"我和鹿老师都很意外，这是什么情况？失之东隅，收之桑榆吗？

我好奇地问道："为什么你不想学乐高？你喜欢搭建乐高却不愿意报班学，不喜欢英语又想通了要学英语呢？"孩子说得头头是道："因为我会拼乐高，我想按照自己喜欢的方法来拼，不想按照老师教的拼。但是英语我真的不会，所以想要老师来教我。"听了他这番话，我很高兴。一是因为他逻辑清晰，目标也很明确；二是因为他的话让我醍醐灌顶，我一直在讲外驱力与内驱力，怎么到了自己孩子身上却又看不清了呢？

所谓目标的动机，都建立在内部渴求的基础之上。真正的兴趣哪里是单凭糖果就能轻易激发的？我之前各种"循循善诱"，试图"培养"他的动机，说到底始终是外部压力，无法真正激发他学习的动力。例如，网络上热议的学生"空心病"现象，不就是因为他们没有找到自己的内心向往所在，所有的行为都来自外部动机吗？

孩子从自学乐高这件事上，明白了"学习"的意义：把一件"不会"的事情变成"会"的过程，同时他也享受这个成果，所以萌发了"我要学英语"的主观能动性。这就是一种内部动机。而内部动机才是一个人完成某件事情源源不断的驱动力。

如何帮孩子克服"怕输"心理

常常有读者向我提问:"我家孩子好胜心太强了,赢得,输不得,这样正常吗?"这可太正常了。自从孩子自我意识萌发之后,"胜负欲"这几个字就深深地埋藏在他们心里了。比如,我的孩子生活中处处都要和爸爸争个高下:回到家脱衣服要比谁脱得快,嗑瓜子都要比试谁嗑得更响……

更好笑的是,某次鹿老师问我某女明星素颜美不美,我表示分辨不出哪张照片是素颜,被她嘲笑是"直男"。结果,孩子闻言立刻抢过妈妈的手机认真地端详女明星的照片,抢答道:"没错,是素颜!爸爸是'直男',我可不是!"等到鹿老师转身走开后,他悄悄地问我:"爸爸,什么是'素颜'?什么是'直男'?"我哭笑不得:"你都不知道它们是什么意思,刚刚跟我争什么呢!"

不过,我发现在养育孩子的时候,利用他们奇奇怪怪的胜负欲去进行管教可太有用了。曾经有朋友问道:"孩子话痨吵得我头疼怎么办?"就这个问题,我的方式是跟孩子玩一个小游戏——憋住不说话,比比谁憋的时间更长,如此就能获得片刻的清净。朋友好奇地问:"如果他赢了有什么奖励吗?"我回答道:"没有什么奖励,只是利用了小孩子的胜负欲——没有为什么,就是想赢。"

为什么儿童会有这么强的胜负欲?费斯汀格认为,在自我概念的形成中,有一个起着重要作用的因素叫"社会比较"。通过比较,儿童更容易获得"自我评价",更清晰地认识自己的优势和不足。

心理学家伍德则扩展了费斯汀格的理论,他认为社会比较可以帮助个体有一个清晰的自我评价,除此之外,它还有一个重要的作用,即"自我提升"的功能,包括对自尊的提升,尤其是低龄儿童。对低龄儿童来说,每一件事情都是正在探索开发的新鲜事物,而每一个新颖的任务又都是可以拿来进行社会比较的对象。哪怕只是瓜子嗑得够不够响,这种在成年人看起来"无聊"的小事,都可以触发儿童的比赛开关,开启关乎尊严的"赛事"。至于有一些自己根本无法完成的任务,他们甚至会拿对自己而言重要的他人进行比较,这个重要他人通常是孩子心中最亲密、最有威信的家人或朋友,例如比比谁的爸爸更厉害。社会比较的目的,更多是为了获得同伴的赞叹,以提升自尊和威信,成为"孩子王"。相信接触过人类幼崽的人都曾听过类似这样的对话：

"我爸爸是奥特曼！"
"我妈妈会飞！"
"我哥哥敢吃屎，你哥哥敢吗？"

那么，孩子赢得输不得，到底是怎么回事？

上文中也提到社会比较（胜负心）的作用主要有两种："自我评价"和"自我提升"。前者是指通过比较来获得自我认识以及他人的肯定，后者是指通过比较来获得知识技能的掌握和自尊的提升。

这二者对于上进心和竞争意识的塑造当然都是有积极作用的，其中"自我提升"更能够培养儿童的内驱力。如果孩子一味地、过度地执着于"自我评价"，就容易陷入"赢得输不得"的困境。毕竟对看重"肯定和评价"的人来说，"输"的结果是可怕的，意味着沉重的打击；而看重"提升和掌握"的人，"输"只会让他们更有动力去精进技艺，挑战自我。

孩子还小，没有学会正确对待输赢，这很正常！但作为家长，我们应该要引导孩子从输赢当中更多地学习体验自我提升所带来的快感。比如，我会带孩子一起下棋，或进行一些体育运动（如打羽毛球），在这些亲子活动中，引导孩子不仅要思考如何走向胜利，也要坦然理解挫折和失败。

起初，孩子并不愿意接受我的挑战，因为害怕输，所以刻意回避着。我也没有强迫他，他不参与，我自己玩也挺有意思。比如我用人机对弈模式下棋，玩得不亦乐乎时，他不知不觉就被吸引了过来。后来，他放学回到家就喜欢拉着我和他切磋"几局"。除此之外，他还会自己和自己下棋，"左右互搏"来研究作战技巧。

这让我感到很欣慰，因为他已经在成长，不会因为"我怕输"而逃避。他的目标已经不仅仅是"我要赢"，转而更看中技能的掌握，以及对自我的挑战和突破。或者说，他能在下棋过程中获得乐趣，而不只是关注输赢——这对他日后能够自我疏解压力也会有帮助。

"勤奋感"和"自卑感"需要平衡

曾经有位读者来信,讲述了自己的教育苦恼:

"我们姐俩从小开始,我妈妈就是'虎妈'类型,家里永远是高压的氛围,除了学习,其他事都不准干。我被老师选中去参加六一儿童节的舞蹈节目,结果妈妈去学校跟老师闹,要求把我换下来,因为排练舞蹈会影响学习;我周末在家画画,画会被她撕得粉碎,因为画画也被认为是不务正业……

"我关于原生家庭的全部回忆是从早到晚地做题、披星戴月地补课、争分夺秒地上培训班,以及各种吼骂与挨打……如果哪次考试,我的成绩退步了一点,就要挨骂挨打,被罚不准吃饭也常有,仿佛天要塌下来了……有许多次,我感觉自己都要抑郁了。

"从那时起,我就发誓将来绝不会这样对待自己的孩子,我只要她快乐、身心健康,做自己喜欢的事情。事实上,我也是这么做的。为此,我特意学习了很多正面管教的课程,给她无条件的积极关注,每次她考差了、失败了,我都会安慰她、鼓励她,从不打她、骂她、逼她,我相信她是在充分尊重和爱的环境下长大的。

"但我姐姐正好相反,她完全继承了我妈的衣钵。被同样的高压政策逼迫长大,她却很认同我妈这一套做法。现在她对自己的孩子也是天天'打鸡血',逼着学这学那,孩子学不好就打骂伺候。我外甥学到头都抬不起来了,每天蔫巴巴的。我每次看到外甥委屈疲惫的模样,就好像看到了小时候那个憋闷、无助的自己。为此,我和姐姐吵过很多次,我说你这样逼孩子,迟早会出问题。以前我姐也会争辩'吃得苦中苦,方为人上人''我们小时候也是这么长大的,现在不也好好的'……但是昨天她第一次把矛头转向了我女儿,说道:'你不要整天像个教育家一样指指点点,你自己的孩子教得有多好?一天到晚没个正形,你以为这是爱她,其实是害她。'听姐姐这么说,我愤怒了,确切地说,是迷茫了。

"确实,我女儿的学习成绩不好,也不怎么听话,任性而且娇气,好像也没有什么特别的兴趣爱好或者擅长的事情,整天都在玩手机,稍微说她两句,就要闹情绪哭哭啼啼的。她现在已经三年级了,并没有像我想象中一样阳光乐观、积极向上,更谈不上对什么事情有热爱有坚持。说到将来长大了想干什么,或者说能干什么,她不知道,我也很迷茫。难道我真的错了吗？求指点迷津。"

在我看来，这位读者和她姐姐（以及母亲）的育儿方式，很典型地对应了埃里克森心理社会发展阶段理论中关于"勤奋对自卑"这一冲突的解读。

根据埃里克森的理论，6岁至青春期阶段孩子的内心冲突是"勤奋对自卑"。因为这一阶段的儿童主要发展任务就是学会适应社会，掌握一定的知识和技能，以便将来能在社会上立足，具备自我生存和生活的能力。如果他们在这一阶段能顺利地完成发展任务，就会获得勤奋感，对将来的独立生活更有信心；反之，如果他们没能顺利完成发展任务（如交友、学习知识或技能、融入集体等方面受到挫折），就会产生自卑感。

埃里克森的理论很容易被误解。不少人认为，要帮助孩子完成这个阶段的发展任务，就要消解"勤奋"与"自卑"的冲突，即帮助孩子一直获得勤奋感，或者完全消除自卑感——"不是东风压倒西风，就是西风压倒东风"。

其实，在埃里克森的理论中，冲突双方（即"勤奋对自卑"）是追求动态平衡的状态，是"获得勤奋感"和"克服自卑感"的相互较量，它们是相辅相成的关系。换句话说，勤奋感和自卑感都是人类动机所需要的，但又需要把握好度，不可极致发展。

如果家长将冲突的关系误读为一味地获得勤奋感，完全地消除自卑感，那么就容易陷入"过于强调勤奋感"或"过于回避自卑感"的陷阱。比如，这位读者的母亲（以及姐姐）的问题在于过度强调勤奋感，对于孩子"完成这一阶段的任务"提出了过高的要求。在这种教育环境里长大的孩子，成年后容易成为学习和工作的奴隶，容易焦虑和抑郁，所以这位读者对外甥心理状态的担心并非毫无依据。

但是这位读者的问题在哪里呢？在于太想消除孩子的自卑感。她母亲和姐姐在教育孩子方面的问题，比较容易被大众察觉，大多数人都能意识到给孩子太大压力，会导致各种各样的心理问题，包括抑郁、焦虑、自卑等。这位读者的问题，相对而言，则不太容易被察觉——尤其是很多受过高等教育，懂一点心理学，关注孩子感受的家长，更容易犯这个错误，甚至包括我自己，有时候也容易掉入"过于强调消除孩子自卑感"的陷阱里。

我们都知道，对孩子要尊重，要理解，要鼓励。其实在成长过程中，过度的自卑固然不好，但适度的自卑却很有必要。这是因为过度的自卑会让孩子畏首畏尾，处事消极，从而压制勤奋的动机；但适度的自卑却能激发孩子反败为胜的欲望，"想要克服自卑感"的目标，反而能提升勤奋的动机。如果家长想要帮助孩子彻底消除自卑感，那么同时也就消除了他勤奋的动机，消除了他的目标感。

没有目标的人生是很可怕的，也未必就是开心的——尽管这些家长的初衷都是"只要孩子开心就好"。最后家长可能会发现，孩子可能既不接受自卑，也不愿勤奋；既不想承受努力的痛苦，也感受不到收获的快乐。

家长鼓励孩子"失败没关系""我对你没有任何期待"的每个瞬间，单独来看都没有问题，但如果孩子的成长历程全部是由这样的瞬间串联起来的，也会出问题。

对孩子要有所要求（当然，这里指的是适度要求），要以教育为目的适度进行惩戒，这不仅是家长可以做的，也是家长应该做的。当然不得不说的是，每次我提到"以教育为目的的适度惩戒"，就可能招致抨击。因为一些被父母"过度强调勤奋感"深深伤害过的读者，会在这句话里投射自己的愤怒，误以为"适度惩戒"是指父母"以发泄情绪为目的"的辱骂、殴打、剥夺式的惩罚等。我当然不是这个意思。我所提倡的"适度惩戒"，是指养育过程中该批评时就批评，该教育时就教育，该惩罚时就惩罚，对孩子在这个阶段应该完成的任务需要有鼓励，更要有指导，同时也必须有要求、有标准。

不论是这位来信读者还是她的姐姐，我相信她们的出发点都是为了孩子好，但是关心则乱，她们在焦虑的裹挟下自乱阵脚了。那么，家长如要助孩子在"勤奋感"与"自卑感"的心理冲突中，找到一种相对平衡的状态，是需要技术，也需要艺术的，同时这也是家长应该不断进修的课题。

孩子对"自我同一性"的探索是成长的过程

上文中,我们提到了自我同一性危机,可能很多读者对这个概念比较陌生。那么这一章节我将详细阐释什么是"自我同一性"、"同一性早闭"和"同一性危机"。

埃里克森认为,孩子进入青春期后,会处于"同一性对角色混乱"的矛盾中,他会尝试探索各个不同版本的自己,来实现"自我同一性"的获得。

所谓探索"自我同一性",是指一个人在生命历程中追寻"我是谁""我想干什么""我要成为什么样的人""我想过什么样的人生"这些问题的答案的过程。

在自我努力和外界力量(比如父母的养育方式、老师朋友的影响)的共同作用之下,自我同一性的探索一般有以下四种结果：

　　同一性获得。具体表现为：我想当诗人，并且真的成为优秀的诗人；或者经过几番尝试，认识到自己没有成为诗人的天赋，但我发现当公务员其实也不错，于是又去考公务员并且成功了。这种情况下，我建立了稳定健康的自我认知，成功获得同一性。

　　同一性延缓。具体表现为：我想当诗人，但是没能成为优秀的诗人，如今处在拖稿度日、穷困潦倒之中，我仍然苦苦追寻着"我是谁"的答案。这种情况下，我的自我同一性还未建立起来，而是处于延缓状态——但是同一性延缓未必是坏事，因为我的探索仍在继续。

　　同一性早闭。具体表现为：我想当诗人，爸妈却不同意，他们想让我考公务员。虽然我内心深处渴望成为诗人，不想当公务员，但是算了，就这样吧，我放弃尝试，听从父母的安排参加公务员考试——同一性建立中止，进入早闭状态。

　　同一性扩散（混乱）。具体表现为：我不知道自己想做什么，该从事什么职业，也没有人帮我安排工作、安排相亲，就这样浑浑噩噩地混日子吧——同一性建立失败。

　　以上四种结果给家长的启示是什么呢？孩子在叛逆期"作的那些妖"，包括和父母吵架对抗、谈恋爱、追星、模仿偶像、和朋友一起做一些父母不能理解的事情、不好好学习，再长大点不考研、不找工作、不找对象、不生孩子，没有遵守"在什么年龄做什么年龄该做的事情"，如果不违背法律道德公序良俗，没有伤害他人及自身，其实未必是坏事。

因为这些看起来像是"走弯路""浪费时间"的过程，其实是在进行"我想成为什么样的人"的一种探索，是在完成从少年到成年的蜕变，也是一个独立个体从原生家庭的互依模式中脱离的过程。他们内心的冲突在对外释放的过程中逐渐会得到消解，最终达到一种平衡——进入一种稳定的人格状态。此时，他们往往能与父母达成和解。

在这一亲子博弈的过程中，如果父母十分强势地掌控了局面，子女又没有足够的反抗意识或反抗能力，就会形成"同一性早闭"的"虚假和平"局面。

"同一性早闭"是亲子关系暗藏的一种重要不安因素。它是指一个人早早地关闭了自己探索和尝试人生可能性的通路，直接进入被安排好的人生轨道（往往是父母安排的），由此引发的"同一性危机"。

例如，孩子早早关闭了自己人生方向的"导航仪"，不再探索"我是谁"，也不再尝试"我想做什么"，直接进入父母为其"保驾护航"、不偏离"航线"的人生轨迹。这种情况下，父母也许会自豪于孩子的"听话"与"懂事"。因为这种"别人家小孩"会把普通小孩叛逆、逃课、早恋的精力与时间，全都用来学习、练琴与自我提升。他们常常能够按照父母的计划，早早按部就班地走向"成功人生"。

看起来结局圆满，对吧？其实不然。这些孩子的"同一性危机"是隐藏在暗盒里的。因为他们的"听话"与"懂事"必然伴随着内心的冲突，而内心冲突所产生的负面能量不会凭空消失，只能向内瓦解自己，或者向外毒害他人——往往是比他更弱势的一方。

需要注意区分的是：有的孩子是基于内驱力，本身就喜欢学习、喜欢弹琴，并非被来自父母的外部压力强逼着学习，这种情况不属于上述的"同一性早闭"之列。但还有一个很具迷惑性的干扰因素，比如一个小孩很喜欢音乐，可是父母控制欲很强，那么他从小到大的音乐学习是以他喜欢的方式开展的吗？是按照他的自由意志和独立意愿进行的吗？如果不是，即使他本身热爱音乐，仍然可能被父母逼迫着踏上一条自己并不愿意走的音乐之路，仍然存在"同一性早闭"的危机。

那么，"同一性早闭"的后果有哪些呢？影响轻微的可体现为行为保守、墨守成规、缺乏主见；严重的甚至会产生情绪障碍（抑郁、躁狂、焦虑）、行为障碍（自虐）、人格障碍（自恋）等。

同一性稳定的人是自信的，自信的人可以接受批评意见但不会因此妄自菲薄，可以改进提升自己但也能接纳自己的不完美；而同一性存在危机的人是自卑、自负、自恋的，往往无法接受自己不完美，也难以接受批评意见。因为他们的自尊水平依赖于外界的广泛认同，一旦完美假象被戳破，便会触发"愤怒"的防御机制：或者消耗自己的生命力，或者攻击戳破假象的人。

在一段不健康的亲子关系中，如果"同一性早闭"的孩子身处其中而不自知，也并没有获得独立新生的反抗意识，那么在他长大成人、组建新家庭之后，很可能会在另一段亲密关系中变成加害者、霸凌者，把自己在上一段扭曲关系里中的"毒"，向身边最亲密但相对更弱势的人（妻子、孩子）散播。

有一次，鹿老师对我说："你知道那些关于'妈宝''爹宝'的分析，给我最大的启示是什么吗?"我好奇地问她是什么。

她答道："我才发现，原来青春年少时和爸妈吵过的架都是有意义的！在与父母的激烈冲突中，我完成了'自我同一性'的获得，完成了与父母过度保护所产生的痛苦之间的剥离。而一个看起来很听话的'别人家小孩'，如果一直未完成'破壳而出'的痛苦过程，与父母形成了畸形共生的关系，有朝一日触发了'同一性早闭'的危机后，就会像是打开潘多拉魔盒一般，逐渐显露出恶果。"

给孩子独处的空间和时间

新冠病毒疫情防控期间,曾经有位读者问道:"自从居家隔离后,我和 5 岁的儿子每天过的都是抛物线式生活,上午还能做到母慈子孝、其乐融融,熬到晚上,一听他说话我内心就很烦躁,所以经常要以他哭一场作为一天的收尾。我这是长时间居家心情不好,还是亲子关系确实出现了问题?"

虽说陪伴是最长情的告白,但在亲子关系中陪伴也不是时间越长越好,更不需要时时刻刻进行互动,因为这样反而容易产生新的问题:过度陪伴。过度陪伴容易产生更多副作用,影响身心健康。

发展心理学研究发现,当个体处于应激(压力)状态下时,亲人的陪伴在一定程度上确实可以降低他们的焦虑、压抑等情绪。但是注意，这种长期的时刻陪伴带来的利益仅仅是短暂的，从长远角度评估，它具有一定的风险性。比如亲子陪伴中，父母的过度卷入在一定程度上会损害孩子的独立性：孩子可能没有机会发展出自己调节情绪、降低焦虑的能力，又或者他们会被家长过度限制；同时，如果家长不注意把握好分寸，全方位无死角地给予关注，反倒会无形中增加孩子的压力。例如，在面对突发疫情或者重大公共卫生事件时，大家都会关注其对青少年儿童的心理健康的影响。实际上，在这种情境下，青少年尤其是儿童的恐慌情绪，大多数是被父母焦虑情绪传染的。

初生牛犊不怕虎。儿童和青少年存在个人神化的特征，他们会认为自己是与众不同的，是"天选之人"。在面对灾难性的负性事件、伤害甚至死亡时，他们更倾向于相信"那种事不会发生在我身上"，"我能应付一切"，"我会得救"。但与此同时，几乎所有孩子都具有察觉父母情绪的本能。如果父母风声鹤唳、如临大敌，那么这种情绪是会传染的，尤其是特殊时期，孩子和父母不得不生活在封闭空间时，紧张情绪往往会依次传递。因此，父母无时无处不在的"陪伴"和"关心"往往会对孩子的情绪与心理造成负面影响。

虽然初生牛犊不怕虎，但对孩子而言，父母的"苛政"猛于虎。例如，新冠疫情期间，我的学生曾说道："我爸爸只要在他能看见的时刻，就要求我必须待在书桌前学习……我还没被疫情搞崩溃，就先被我爸折腾崩溃了。"

在养育过程中，父母不应该完全占据孩子的时间，孩子也不应该完全占据父母的时间，一定要让孩子和父母留有各自独处的时间。在日常生活中，父母不得不花很多时间陪在孩子身边，指导孩子规律地生活、作息与学习，但一定要谨记"过犹不及"，密不透风的关注和陪伴会让孩子感到窒息。

试想，如果孩子是高需求儿童，需要父母从早到晚地陪着玩耍、互动等，父母的内心必然也是崩溃的。同理，对孩子而言，如果一举一动、一言一行时刻要受到父母的监督与指挥，情绪也容易受到影响。因此，如果你是焦虑型父母，建议你放过孩子；如果孩子是高需求儿童，建议你放过自己。亲子关系中，双方需要保持一定的距离，避免时刻黏在一起导致双方情绪崩溃、爆发吵架等负面事情的发生，父母需要给孩子培养独立安排生活的好习惯。不仅是亲子之间，情侣之间、夫妻之间，都要留出独处空间，防止出现过度陪伴。

独处对于个体的心理健康很重要。在关系中，不仅要给对方留出独处空间，同理你自己也需要独处。人需要学会独处、享受独处，才能获得生命力量的源泉。学术界一直存在着一个悖论：虽然孤独伴随着抑郁等令人不悦的结果，但它可以帮助我们更好地观察身边的世界。研究表明，体验过孤独后，个体的洞察力、创造力、思维能力都会有所增强，并且"再交往动机"也会出现。

反之，如果个体无法体验孤独，便无法产生"更愿意和他人建立连接"的心理。因此，适当的独处不仅是生活的一种调剂，更是生而为人的心理需要。在亲密关系中，家长需要在精神上给孩子与家人留有余地，允许孩子待在自己的小房间里"半天不知道在干吗"，允许伴侣与家人"待在家里也不跟我说会儿话"。

所谓有张有弛，才能"长治久安"。

孩子越大越不"听话"是一种自然现象

我相信不少家长都有过这样的疑惑:"我家孩子小时候可乖了,现在大了反而什么都不听我的。我想和他多交流,他要么敷衍了事要么抬杠顶嘴,以前好好的一个孩子,现在怎么变成这样了?"

其实,对大部分家庭来说,父母权威感的逐步丧失几乎是一个必然的过程。为什么会这样呢?这就要从儿童对权威感的认知发展说起。所谓权威是指"可以对他人施加影响的个人或群体";而权威感则是对权威的一系列认识,例如,哪些人是权威?哪些因素导致他们成为权威?我该如何对待权威?

权威关系(或领导关系)是最主要的两种社会人际关系之一(另一大类是亲密关系)。儿童能否对最初的权威关系进行合理遵从,会影响到他们成年后对社会上其他权威的遵从或反抗——如果父母过分严厉，孩子日后和领导相处时更有可能畏畏缩缩，过分地让渡自身利益，这是因为他会将幼年时自己对父母权威的盲从，投射到与领导的关系之中。

··为什么孩子越大越不听话？

首先我们需要了解各个年龄段儿童权威感的变化过程。皮亚杰总结出了儿童道德发展的阶段特点（见表4）。

表4 皮亚杰的道德发展阶段理论

阶段/年龄	特征和主要成就
无律阶段 （0~4岁）	在这个阶段，儿童的行为主要受本能的驱使，还没有道德的概念。他们无法理解规则和道德的意义，行为依据主要是个人的需求和欲望。
他律阶段 （4~8岁）	在这个阶段，儿童开始接受并遵守外部规则，认为规则是不可改变的。他们的道德判断也基于行为的后果，而不是行为的动机。
自律阶段 （8~10岁）	在这个阶段，儿童开始理解规则是可以改变的，并且开始从他律向自律转变。他们认识到规则是由同伴间共同约定的，而不是外部强加的。这个阶段的儿童开始考虑行为的动机和后果，而不是单纯的结果。
公正阶段 （10~12岁）	在这个阶段，儿童倾向于主持公正和平等。他们的道德判断不再基于固定的规则，而是会根据具体情况进行判断。他们认为惩罚应该与错误的性质相关，而不是简单的报应。

第一阶段是"无律阶段（0~4岁）"。这个年龄段的孩子更多地依据自我中心的本能好恶行事，其言行及观念不太能够按

照规则发生。比如，父母想对一个3岁的孩子立下不准吃零食的规矩，孩子可能会满口答应，但是当你把零食摆到他面前时，他会毫不犹豫地抓起零食就吃。这是因为处于"无律阶段"的孩子对"权威"和"规矩"根本没有概念，就更不用谈"遵守"规矩了。假如孩子因为吃零食受到惩罚而记住了这次教训，那么他的这种遵守更多是遵从本能中的害怕，而非遵从规则，下次碰到同样的事情时，他依旧会犯同样的错误。

儿童道德发展的第二阶段叫作"他律阶段（4~8岁）"。也就是说，儿童从四五岁开始有了"权威感"，逐渐学会服从外部规则，接受权威制定的规范，但与此同时，他们把权威者规定的准则看作是固定的、不可变更的。幼儿园老师是很多儿童接触到的第一个"权威"。比如，幼儿园老师教育小朋友"不能踩井盖"，很多小朋友就会在任何情境下都绕开井盖，同时还会要求爸爸妈妈也不能踩井盖，甚至连维修井盖的工人都不可以碰井盖。这就是这一阶段的儿童对权威服从的一个体现，即权威者制定的准则是绝对正确且不可变通的，所有人都必须遵守。

随着孩子的成长，他们将进入第三阶段和第四阶段——"自律阶段（8~10岁）"和"公正阶段（10~12岁）"。这个阶段的大龄儿童不再认为准则是不可改变的，他们更倾向于将准则视为大家的共同约定，如果所有人都同意，那么规则就可以被更改。他们开始意识到，自己与他人（包括父母在内）之间可以发展互相尊重的平等关系，比如父母要求孩子遵守某项规定，那么父母自己也应该遵守。同时，规则也不再是权威人物的单方面要求，而是保证遵守规则的各方都能享受互惠，且具有可逆的特征。举几个例子：如果你是老板，我听从你的建议能为自己带来利益，那么我选择听从；或者假设你知识渊博，博古通今，听你的绝对不会吃亏，那也可以听你的；但如果你的建议对我而言没有任何价值，那就不必理会。因此，单纯用父母的身份压人一等，却不能带来实际裨益的权威范式，对 12 岁以上的儿童会逐渐不适用。

权威感的丧失也是一个很正常的现象。研究表明，从 5 岁到 13 岁，不管权威对象是父母、教师还是社会人士，儿童对权威人物的服从倾向都是整体下滑的。另一组研究数据显示，小学低年级的儿童对父母与教师的权威服从倾向都很高（在 70% 以上），小学高年级这一倾向达到顶点（约为 80%）。此后，随着孩子年龄的增长，他们对父母、教师与社会人士的权威服从倾向呈直线下滑趋势（尤其是父母），直至高中时期权威服从倾向达到低谷——均在 40% 以下，其中对父母的权威服从倾向最低，接近 30%（见图 2）。

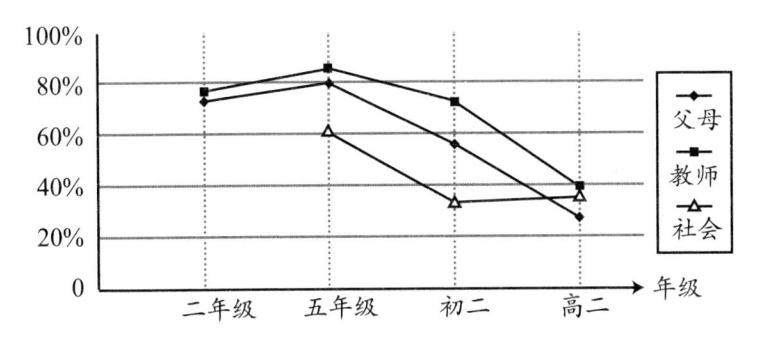

图 2 对权威关系认知的服从倾向表现的趋势统计图

（资料来源：安秋玲. 儿童对权威关系的认知发展初步研究 [D]. 上海：华东师范大学，2001.）

·· 孩子在成长，如何确保父母的建议仍然能被采纳呢？

关于这个问题，我们需要先了解"权威感"的构成要素。

"孩子越大越不听话"是父母们普遍遇到的难题，但我也遇到过相反的案例。我在某次讲座中听过一位电竞冠军讲述自己从电竞选手转型为游戏主播的经历，当时台下大部分家长的提问都是这样的："请问你是怎么防止沉迷游戏的？""夺冠是少有人能走的路，绝大部分玩游戏的普通青少年，他们的未来在哪里？""电竞冠军非常风光，但这是'青春饭'，你有考虑过未来的职业规划吗？未来 10 年、20 年，甚至是 30 年后，你该怎么办？"

这时，有一位中年男士举手问道："请问你有推荐的鼠标和键盘吗？哪款鼠标和键盘用起来最顺手？我想推荐给女儿。"在座的人听到这句话后都哄堂大笑，但这位男士显然并不是在开玩笑，他认真地记下了那位电竞冠军推荐的产品。

讲座结束后，我与这位爸爸攀谈了几句，得知他的女儿正在某名校读书。我至今仍记得他当时的话："女儿小时候最不怕我，最不听我的话，因为我最宠她。但是现在她最爱听我的，因为她做小组作业，我能给她指导；她遇到重要选择拿不准主意时，我能给她建议；年轻人世界里的新奇玩意儿，我也能和她聊上几句。不管多大岁数，还是要活到老学到老，这样孩子才会服你。"

当然，我并不是鼓励大家"想让孩子听话，就得学会打游戏"，而是想和大家探讨：为什么这位女儿越大反而越愿意听从父亲的建议呢？因为这涉及父母权威感的来源。

研究者发现，父母的权威感（俗称"威信"）来源主要由六个不同的定向构成，其中权威定向、知识定向、身份定向与行为定向最重要（另外两个是关心定向和回报定向）。

权威定向：通俗来讲，就是这个人是"管事儿的"，是拥有权力的强势一方，必须听他的话。这是权力关系中，下级对上级的遵从，比如员工对上司的服从。

知识定向：比如某人是行业领域内的专家，懂得多、经历多、说得有理，使人心悦诚服，愿意听他的。

身份定向：可以理解为"父母之命不可违背"或者"不管怎么说也是长辈"，因此"不管他们说得对不对，还是听他们的"。

行为定向：简单说就是"做错事情会被惩罚，所以要听话"。

这些定向在儿童认知中的重要性，会随着年龄的增长发生显著变化，并且存在一些比较有趣的现象（见表5）：

1. 权威定向的变化经历了从0开始上升又回归于0，然后再次升高的过程，整体呈波浪形。这说明孩子对权威的理解与服从是不断发展变化的：5岁组没有权威的概念，所以不怕权威；7岁组把父母老师当作权威，开始懂得畏惧和服从；10岁组发现老师和父母也不是权威，失去敬畏感；13岁组对权威又有了新的认识，意识到不服从权威的后果，重新具备了一定的服从感。

2. 知识定向分为两个维度："知识多、经验多"的权威性随着年龄增长而增长，到13岁组高达53.8%；与此同时，"话是对的、有道理的"到13岁组却跌到0——这说明尽管家长的说教很多时候是对的，但对青春期少年来说效果甚低，相反，知识渊博的人能成为他们眼中的权威。

表5 父母权威的因素组成与年龄变化（%）

父母权威的因素		年龄			
		5岁	7岁	10岁	13岁
权威定向	是管我们的	0	11.5	0	7.7
知识定向	知识多，经历、经验多	0	3.8	38.5	53.8
	话是对的、有道理的	3.8	15.3	26.9	0
身份定向	是大人，比我们大、年纪大	26.9	19.2	7.7	15.3
回报定向	是长辈，应该尊敬、孝敬	3.8	3.8	26	23.1
	生养了我们	19.2	23.1	15.3	30.8
行为定向	逃避惩罚	30.8	7.7	3.8	0
	做个好孩子	26.9	11.5	7.7	0
关心定向	为我们好、爱我们	3.8	23.1	23.1	38.5
其他	若不听，会出意外的事	—	—	3.8	—

资料来源：张卫.5—13岁儿童父母权威认知的发展研究 [J]. 心理科学，1996（02）：101-109.

3. 关心定向，即"为我们好、爱我们的"权威性是呈增长趋势的。这说明家长对孩子的爱和支持是能够被体会到的，他们也能够获得孩子的信任。但注意，这里所指的"爱和支持"不仅仅是停留在口头上的"都是为你好"的说教。

除此之外，该研究调查发现，5岁儿童对权威的认知（服从）主要出于"行为定向"（害怕惩罚）以及"身份定向"（对方是父母）的考虑；而10~13岁的儿童对权威的服从则主要从"知识定向"的角度出发（对方是不是长辈已经不重要了，以理服人最重要）。比如上文中提到的那位父亲，女儿小时候之所以不怕他，是因为他不用"行为定向"和"身份定向"的方式管束女儿；但是当女儿进入青春期之后，因为他杂学旁收懂得多，在很多事情上能给女儿指导，所以孩子心服口服。

换句话说，年幼的孩子之所以听话，主要是害怕受到惩罚。家长对这个阶段孩子的管教，往往以奖惩制度进行约束；随着孩子年龄的增长，强化与惩罚的作用会越来越弱，因为他们可能也不再害怕惩罚了，如果家长还想对孩子施加影响，想让孩子听从你的建议，就要看家长的认知水平是否能对孩子的人生进行有效指导。例如：他不会做的数学题，你会好几种解题方法；他和同学发生了冲突，你能帮助他处理好人际关系；他完成不了老师或领导交代的任务，你能提供"技术指导"帮助他胜任……种种情形下，他会格外信服你并认真对待你的建议。

人不是"生"而为父母，而是不断地学习如何做父母的。就像牛群和冯巩的相声《威胁》里说的："他长个儿咱不怕，咱就怕他长学问啊！"

··孩子权威感发展不好会有什么影响吗？

儿童的权威关系认知是儿童社会性发展的重要保障。从一定程度上讲，儿童服从各种特定权威的期望是很重要的，但是家长要知道，孩子并不应该照搬照行权威发出的各种要求。完全无脑地服从权威，对儿童的发展并没有多大好处。比如，有些父母为了帮助孩子戒除网瘾，便把孩子送去网瘾戒除学校接受"电击疗法"，这就是对假权威的盲目服从；再比如，在某些消费场景中，如果推销者呈现出一种"特别专业"的强硬态度，消费者也会在自己不情愿的情况下莫名消费，这也是对假权威的盲目服从。

合理的权威关系并不是对所有权威的所有规则、命令和要求都盲目认可和执行，而是一种理性服从。恰恰是这种服从中的理性要求，对儿童的社会化发展起着重要作用，这也是儿童自我意识不断提高的表现之一。

权威感很重要的一个作用是帮助个体建立自己的身份认同。对于权威，到底是"服从"好还是"不服从"好？这并不是简单的二元论，家长关键要做的是帮助孩子建立对"权威"的正确认知和正确判断，以及帮助孩子找到自己与"权威"的相处之道。为了更好地协调与权威间的关系，同时理解并执行权威发出的各种命令，一个人可能会有更深入的思考、探究与推理，例如："我应不应该服从？""为什么要服从？""如何服从？""如何不服从？""哪些情况我必须服从？""哪些情况我可以不服从？""如何通过服从给自己带来益处？""如何避免不服从带来的坏处？"等等。

因此，儿童对特定的权威关系不仅仅只有简单的"服从"与"不服从"两种行为反应，其中更包含复杂的内部认知过程，正是这一探究性的权威认知活动推动了儿童社会化进程，并使之日趋合理化，帮助他们更好地融入、适应社会。

孩子面对挫折时的铠甲,是父母的爱给的

曾经有位读者来信咨询:

张老师,您好!我女儿出生时有先天性心脏病,当时比较凶险,所幸满月后做了开胸手术,手术很成功,恢复得也挺好。现在宝宝已经21月龄了,对自己的身体也开始产生好奇心。有一天洗澡时,她指着自己的手术刀疤,问道:"这是什么?"

我想了想,说:"宝宝,刚出生的时候有只怪兽进入了你的身体,你很勇敢地战胜了它,这是你战胜怪兽时留下的标记。"她一脸天真地嗯了一声,就没有再问了。

我也不知道这样回答好不好。我很担心以后她再大一

点，会不会因为这个刀疤而自卑，或者不敢穿低领的衣服。我怕她以后会被别人嘲笑，我能做好自己的部分，但无法控制别人，在教育上我该怎么避免这种伤害的发生呢？

首先，这位家长的回答特别棒。有一句话我觉得很适合她的女儿，我也很喜欢："伤疤是战士的勋章。"家长可以告诉孩子，她的伤疤就是她这个小勇士的勋章，是滋养花朵的藤蔓。如果家长反复向孩子灌输这样的观点，这些话会根植在孩子的内心深处，她就明白这是她的与众不同之处，而非缺点。

此外，还可以用一些不伤皮肤的可洗水彩在伤疤上面画一些可爱的小图案；不用刻意回避低领的衣服，也不必刻意穿低领的衣服。如果被人问及，家长也可以自豪地谈谈这个伤疤的来源。这样孩子从小就会在心中形成"原来这个伤疤并不可耻，而是一个光荣的标记"的概念。但是，我也理解这位家长的担心其实不无道理。因为每个人都只能管好自己，却管不了外界可能传来的嘲笑甚至恶意的伤害。

一个人的成长过程中，10岁以前孩子的"重要他人"是父母，爸爸妈妈的爱和支持可能会治愈她的很多伤痛；但是12岁以后，尤其是青春期的这段时间，孩子的"重要他人"可能会转变成她的同学和朋友，所以这个阶段的孩子，心理和行为都会受到一种压力的较大影响，即"朋辈压力"。青春期又是一个人最在意外表的时刻，这个时候如果有人肆意谈论她的伤疤，可能会是她需要面临的一个挫折。

但是，家长也不必太过担心，因为挫折也没有想象中那么可怕。大多数人都不可能一生生活在温室里，遇到挫折会是人生的常态，孩子有一天也会明白，"原来这个世上不是所有人都是好人，不是所有事都能如意，不是所有人都像妈妈那样无条件地爱我"，这也是成长的必修课之一。

既然如此，父母的爱和保护对孩子还有什么意义和价值？当然有意义。父母的爱与支持并不是尚方宝剑，能保护他们永远避开挫折，而是在孩子遇到挫折的时候，有值得信任、倾诉和依靠的对象，有勇气、有信心，有自尊自爱的底气——父母之爱是孩子的后盾。

以前我经常听到有人争论，到底是要给予孩子无条件的爱，还是要对孩子进行挫折教育？有家长认为把孩子保护得太好，会让他们无法承受逆境的侵袭。

对此，我觉得挫折教育是需要的，但有人曲解了挫折教育的含义。

所谓"挫折教育"并不是人为地提前给孩子制造痛苦和困难，因为这样会让孩子更加自卑和敏感，变成"玻璃心"，今后孩子在遇到挫折的时候会更倾向于形成一种自动的灾难化思维——对一件事情过分恐惧与焦虑，因而主观上夸大了它的负面后果及严重性。

挫折教育，是要教会孩子在面对挫折时拥有正确的态度和处理的办法，而不是让孩子觉得挫折是一件很可怕的事情，并放大挫折的负面影响力。

家长和孩子的相处模式，是孩子应对社会化外部反馈时的预演。它将影响孩子日后面对来自外部的反馈评价时采取的应对方式。

因此，这位家长现在对孩子的保护和接纳，并不会因为日后他人的嘲笑就变成无用功，而是会让她受益终身。在她遇到嘲笑、讥讽，想要自我怀疑的时候，她可能更倾向于寻求父母的支持，以获得肯定的答案。这种来自父母的肯定日后也会内化为孩子内心的自我肯定，帮助她避免陷入情绪的泥沼之中无法自拔，或者任由他人作践自己。

也许，这个孩子身上的伤疤以后可能会被嘲笑，但是爸爸妈妈的爱和支持也将会是她一辈子的勇气和底气的来源。

写到这里，我想起了另外一位读者的苦恼，这位读者在留言中说道："二宝出生后，我和老公会非常注意照顾大宝的感受，尽我们所能地做到一碗水端平，不让她受伤害。可是架不住亲戚朋友老喜欢逗她：'妈妈有了弟弟就不要你了。'为此，我很生气地和他们沟通过，但是今天我能和亲戚提意见，明天还能给小区里每个邻居发通知吗？这种话真的防不胜防，我到底该怎么办呢？"

其实，她的情况和上文中那位妈妈的担忧是类似的。孩子不会生活在真空中，别人怎么说、怎么做，确实是不可控的因素，不在我们的掌握之中，但家长也不必多虑。假如你给了孩子足够的爱、关注和安全感，外部的打击并不会轻易摧毁他们内心的富足和自信。同理，从小长期受到父母伤害的孩子，也很难被别人的善意轻易地治愈或救赎。

我的孩子有时候也会被别人调侃："妈妈有了弟弟就不喜欢你了。"他一般都会回答："那怎么可能呢！"或者有人说："以后弟弟长大了,你的饼干就要分给他喽!"孩子会回答:"没关系,爸爸妈妈会给我再买一份的。"也有人说:"身上弄得脏兮兮的,就没有人喜欢你了。"他回答道:"不会啊,我爸爸妈妈和好朋友都很喜欢我。"这些或怀有恶意或没有恶意的"玩笑"不会伤害到他,因为他从内心坚信自己是被爱的。

这些"玩笑"虽然不讨喜,但是父母们也没必要过度焦虑和困扰,因为与他人可能带来的伤害相比较,父母的教育方法对孩子性格产生的影响更大。孩子对于早期的童年经历虽然不一定有清晰的记忆,也不一定了解亲子关系对自己的影响,但是父母的爱和关注所带来的有关安全的体验感,会植入他们的人生,作用于他们的性格,成为他们的铠甲,帮助他们披荆斩棘,所向披靡。

"不爱学习"可能只是成长困境的表象

有一次,母亲的一位朋友邀请我为她的孩子进行心理辅导。我便问孩子有什么心理问题,得到的答复是"孩子贪玩,不爱学习"。我说这很正常,小孩子哪有不贪玩的,爱学习且不贪玩的孩子才是少数。

我发现前来询问的家长有一个共性:当他们描述孩子的问题时,都会说"孩子不爱学习"。但当我深入了解之后往往会发现,孩子当下遭遇的最大困境其实并不在学习事宜上。

由于拗不过母亲的情面,我决定还是和这个孩子聊聊,至少作为长辈,我可以分享一点学习经验。结果,在对谈过程中,我发现他并没有明显的心理问题,不仅如此,相反他还有很多很好的品质,例如善良、幽默、兴趣广泛、课外知识丰富,最多就是稍微有点"中二病"①。不过，他也正在面对很多青少年在这一年龄普遍会遇到的烦恼，例如敏感、自卑、在意他人的评价，常常陷入自己和自己的缠斗之中，等等。我和他聊了好几个小时，结束之后刚出房间，就迎上了他父母殷切的目光——他们似乎非常期待着想要从我这里听到专业有力的分析。

"给你们一分钟时间，能说说他身上有哪五个优点吗？"我问道。这对父母原来似有千言万语，听我这么问顿时语塞了。一分钟很快就过去了，父亲有点难为情地开口道："嗨，如果要我说他有哪些缺点，我一秒钟就能说出来！""那再给你们一分钟时间，除了学习，能说说他现在有哪五个烦恼吗？"得到的回应仍然是沉默。临走时，这位父亲握着我的手说："我懂了，谢谢你。我们会反思的。"

不知从什么时候起（也许向来如此），市场上充斥了各种形形色色的大忽悠，通过互联网传播伪心理学，紧紧地抓住了焦虑中的父母，好像孩子成长中的任何问题都能贴上心理问题的标签，然后巧立名目、美其名曰地进行"治疗"。

我收到过大量类似的疑问，这些问题看似各不相同，本质都是对儿童发展心理学的不了解。例如："我的孩子两岁半，平时玩小汽车都要一字排开，只要车子弄歪了一点，他就发脾气。请问哪里有比较好的心理医生能治疗偏执和强迫症啊？"两三岁

---

① 中二病：网络流行词，起源于日本，"中二"即初中二年级的意思。顾名思义，"中二病"指的是青春期少年特有的自以为是的思想、行动和价值观。

的儿童会进入秩序敏感期，有一些强迫行为是很常见也很正常的，不能以此判定孩子为偏执或强迫症。

"我昨天带20个月大的女儿乘坐电梯，中途有两位男士也进了电梯，结果我女儿被他们吓哭了。她是不是有社交障碍？怎么提升她的社交能力？"事实上，3岁前的儿童并不具备社交功能。突然在密闭空间里和两个陌生男性共处，别说两岁不到的幼儿，连我也会感到有压力。

"我儿子15个月，一生病就特别脆弱，一晚上要喝3次夜奶。像他这种焦虑矛盾型的人格，是不是要靠母婴分离来戒断？"贪恋夜奶并不等于焦虑矛盾型"人格"。关于焦虑矛盾型依恋风格的定义，可以回顾前文中提到的安斯沃斯的测试。而且，如果孩子真是焦虑矛盾型依恋风格，母婴分离更是使不得。

感谢母亲的朋友选择了相信我。但遗憾的是，大多数时候，即使我解释得口干舌燥，家长仍然不相信这样的事实：他的孩子真的没有毛病，只是和亿万个其他孩子一样，他的孩子也正在经历人生中的某个阶段。有些家长不但不相信这是孩子正在经历的困境，而且还认为一定有办法把他们"不听话"的孩子给"扳"回来，由此让"网瘾学校"等有了市场。

在"问题少年"中，的确有一部分孩子是存在心理问题。青少年是个体从儿童走向成年人的过渡阶段，这期间他们面临着自我认同和人际交往两大任务，而孤独、抑郁、低自尊、自我封闭及社交焦虑的孩子往往更难处理好这些难题。与其说他们有网瘾、游戏瘾、逃学瘾，不如说他们只是想在玩乐中追求心理满足，逃避他们应付不了的成长任务。但孩子的心理问题不是一朝一夕形成的，父母此刻不反思自己的教育方式，反而交给"网瘾学校"的非专业人员，任由他们通过禁锢、殴打、电击等暴力方式野蛮阻断种种"问题"行为，简直愚不可及。这些被虐待过的孩子并不会因此就解决了原来的问题，反而会变得更焦虑、抑郁，自尊更低，同时更具攻击性。

另外，有一些被贴上"问题"标签的青少年，其实并没有什么严重问题，只是自控力差而已。青少年由于前额叶功能（如抑制功能）不完整，所以更爱冒险、易冲动、自觉能力差。随着年龄的增长，前额叶功能也会逐渐趋于完善，这也是为什么原本冲动易怒的青少年人过了20岁，能渐渐学会冷静，变得自控自律。人脑的真正成熟得到25岁。

说到底，青春期的孩子，只是在经历他们人生中必经的阶段而已，即使不去"网瘾戒除学校"，即使家长不努力"矫正"，孩子长大后这些问题都会好转。现在市面上充斥着大量"教育机构"，将孩子随着年龄增长而自然发展出的良好功能，包揽成他们"教育"的功劳，以此敛财，同时还通过"洗脑"的方式让家长（甚至包括孩子自己）觉得机构的"教育"真有效果。

事实上，只有江湖骗子才会号称：你家孩子已经病入膏肓了，不过你既不用出力，也不用承担风险，治疗过程轻松便捷，治疗效果也宛如脱胎换骨，唯一的代价就是舍得花钱。在现实案例中，如果只是花钱交"智商税"都算代价小的，有一些甚至用孩子的尊严、身心健康乃至性命交了巨额"学费"。

我曾看过一则社会新闻，一名16岁的少年被父母送进了网瘾戒除学校没几天竟被打死。这名少年被送进"学校"的前两天，还英勇地救过一位落水女士。他的母亲哭瘫在地，呼喊着"我要儿子"的画面至今在我脑海中挥之不去。我无法想象他被反铐在地遭受围殴之际，有没有绝望地想过，自己能救别人的命，为何在被父母亲手送进鬼门关时，却没有人救得了自己。

如何对孩子进行死亡教育

"人死了之后去哪儿了?"每到清明节,不少长辈会带着一家老小回乡扫墓,如果孩子提出这个问题,你能回答吗?生死是人生的必修课,但对父母来说,生死也是最难与孩子说明白的一件事,甚至有些家长自己也没有完成这堂人生必修课的"学分"修习。

有的家长会告诉孩子,死去的人只是永远睡着了,或者干脆避而不谈去世的亲属,这样对吗?家长究竟该怎么与孩子说清楚什么是死亡,孩子又是如何理解死亡的?

前段时间,我在某自媒体平台上看到一位网友分享了自己的家事,这位网友的妈妈因为突发心脏病去世,处理丧事期间,她把孩子送到朋友家寄养了几天。孩子一直是外婆带大的,丧事处理完毕，她把孩子接回家后，孩子一直追问外婆去哪里了。由于孩子年纪还小，无法理解死亡，这位妈妈就告诉孩子，外婆去了另外一个世界，以后想外婆的时候，可以在脑海里看见外婆，外婆也能在另一个世界看见她。从那以后，孩子经常正吃着饭或是正玩着游戏时，就会突然闭上眼睛。孩子说，每当他想和外婆分享自己的感受时，他都会闭上眼睛，告诉外婆"今天我吃到了喜欢的菜""今天玩游戏很开心""最近我又长高了"……

"死亡"实际是对生者的考验。死亡教育包括死亡的本质及意义，生者对濒死及死亡的态度、处理及调适。几乎没有人能在一生的历程中躲开死亡对心灵的冲击。

死亡教育可以帮助人们正确地面对自我之死和他人之死，从而树立科学、合理、健康的死亡观；可以消除人们对死亡的恐惧、焦虑等心理现象；可以帮助人们思索各种死亡问题，学习和探讨死亡的心理过程以及死亡对人们的心理影响。

一个人如何面对亲人的死亡？又如何面对自己的死亡？如何面对至亲离世之后自己内心的缺失，又将如何带着这份缺憾继续过自己的人生？这些问题都需要通过死亡教育来教会孩子，甚至是教会家长如何面对。

上文的案例中，实际上是孩子对妈妈进行了死亡教育。这位妈妈说，母亲刚逝世的那段时间，她总会忍不住伤心，孩子的做法在不知不觉中影响了她。因此，每当她想念母亲的时候，也会不自觉地学孩子那样闭上眼睛，和妈妈分享自己的生活，通过这种方式，她将母亲离世的悲伤化作了思念。

死亡教育不仅可以使人了解到自己的生命是有限的，也会让我们意识到生而为人应该珍惜生命，它还有助于帮助我们发展由己及人的能力，从对自我生命的珍视推及对所有生命的尊重。

生从何处来，死往何处去？从古至今，我们的传统文化对"死"字都很避讳，例如孔子的"未知生，焉知死"。正因为这种避讳，由此产生了许多委婉地表达死亡、替代"死"的说法。例如，影视剧中，成年人向孩子解释一个人离去时常见的桥段是"他去了很远的地方""他永远睡着了"……但这种对死亡的解读与解释是不对的。我们必须正视的是，只有家长自己能够正确地面对死亡，才能够帮助孩子科学地面对死亡。

一般而言，孩子会在5~9岁开始接受死亡现象，9岁以后能够对死亡形成深刻的理解。针对儿童心理发展的特点，美国通常把死亡教育分为以下几个步骤，可供参考：

第一步，消除恐惧。学校课堂上，老师会从自然科学的角度，解释人类生老病死的客观规律，并告诉孩子们死亡并不可怕，但生命是美好的，活在当下享受生命更为重要。第二步，揭示生命的意义。学校会组织学生去医院或殡仪馆，请医生或相关工作人员讲解捐赠器官的意义。通过这样的方式向孩子们传递这样的观念：一个人的死亡并不是全无意义，他的器官能够让其他人的生命得以延续——死亡也因此值得肃然起敬。第三步，临终关怀。学校会组织学生到医院或养老机构进行社会实践，例如，学生在医生和教师的指导下照料老年人和病人；又或者请老人们讲述自己人生中有关死亡的经历，如祖父母的离世等，通过临终关怀的教育，帮助孩子树立每个人都应该且有尊严地走到生命终点的观念。

大卫·伊格曼在其著作《生命的清单：关于来世的 40 种景象》里有这么一段话："人的一生，要死去三次。第一次，当你的心跳停止，呼吸消逝，你在生物学上被宣告了死亡；第二次，当你下葬，人们穿着黑衣出席你的葬礼，他们宣告，你在这个社会上不复存在，你悄然离去；第三次死亡，是这个世界上最后一个记得你的人把你忘记，于是，你就真正地死去。整个宇宙，都将与你无关。"

在奥斯卡金像奖最佳动画电影《寻梦环游记》中，亡灵是靠生者的想念存在于另一个世界，只要世界上还有人记得他们，亡灵就不会消逝。逝者已逝，对生者而言，最好的死亡教育就是正视他们的离去，但不要忘记思念。

第四部分

放下焦虑:
做父母是一辈子的修行

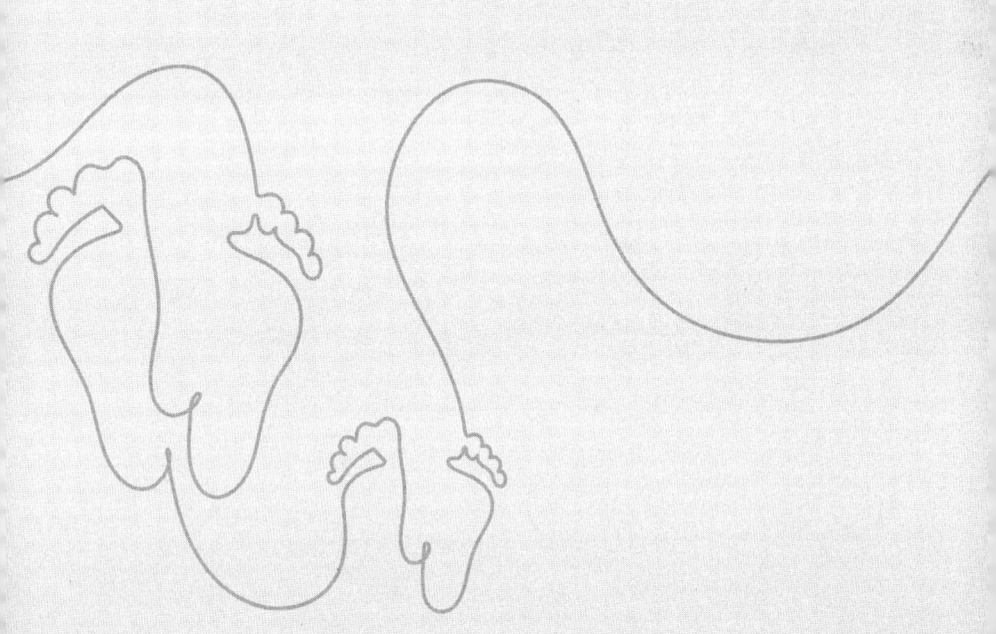

在教育竞争激烈的时代背景下，受外部环境的影响，父母们在养育中多少都会感受到焦虑与压力，失去养育的初心。本部分从父母类型、婚姻关系、独处空间、教养理念和父母干预等话题切入，旨在引导父母察觉养育中的压力与焦虑，理清家庭养育关系中的界限感，以便从焦虑的旋涡中脱出身来，找到适合自己家庭的教育目标。

你是哪种类型的父母?

我们经常听到关于两种教育观点的争论,一种认为应该"鸡娃",否则就是对孩子放任自流。另一种认为应该给孩子快乐和自由,否则就是摧残孩子。

到底谁说得对呢?在讨论这个问题之前,我们先来了解一下,心理学中按照教养方式,将父母分为四种类型:

权威型父母(恩威并重型)

这类父母具有"高要求"和"高反应"的特点。"高要求"是指家长对孩子有合理的"高标准、严要求",同时有明确的指令和稳定的目标,对孩子任性胡闹的行为能恰当地限制和管教;"高反应"则是指对孩子关心爱护、悉心照料,能觉察孩子的情绪状态,耐心沟通、提供支持、协助孩子成长。

这类父母养育的子女往往具备自信、独立、合作意识强等特点，能较好地融入社会。

专制型父母（暴君型）

这类父母具有"高要求"和"低反应"的特点。"高要求"表现为只按一己喜好和想象，用过高标准去要求甚至控制孩子，不管孩子的个人意愿，也不管提出的要求是否合理；如果孩子不服从要求，父母则打骂不休。"低反应"表现为父母对孩子的情绪和情感不关注，即使孩子做对了，他们也吝啬于表扬和肯定。

这类父母养育的子女往往具有自卑怯懦、依赖性强的特点，遇事容易退缩或进行无声对抗。

溺爱型父母（孩子要上天就给搬梯子型）

这类父母具有"低要求"和"高反应"的特点。"低要求"是指不对孩子提出要求，不为孩子树立目标，对孩子的无理行为多采取默许或纵容的态度，缺乏约束和管教。"高反应"则是对孩子充满了无尽的期望和爱，无条件地满足孩子的各种要求。

这类父母培养出的子女往往具有依赖性强、任性自私、缺乏耐心、难以合作的特点。

忽视型父母（放任自流型）

这类父母的特点是"低要求"和"低反应"。"低要求"表现为对孩子没有期待、没有要求，也懒得去管束孩子。"低反应"则体现在对孩子态度冷漠，缺少教育和爱，不关心孩子成长，不在乎孩子前途，较少给予孩子支持、帮助和指点。这类父母养育的子女总是缺乏安全感、悲观消极、自卑逃避。

举个例子,假如孩子考试没考好,不同类型家长的反应大概如下。

> 权威型:我们一起分析你没考好的原因,讨论解决方案。
> 专制型:蠢材!这么简单的试卷都做不好!今晚再做20张卷子!不做完不许睡觉!
> 溺爱型:考试没考好都是老师没教好!考试真讨厌,不理它!宝贝,别难过!
> 忽视型:考试?什么考试?今天又考试了吗?

看出四者的区别了吗?不同类型的家长对孩子表现的反应差别是显而易见的。现实中,很多关于育儿观点的争论看似吵吵闹闹,其本质都不是同一层面的讨论,这是因为他们似乎总觉得,"鸡血"的反义词就是放任自流,又或者专制的对立面就是溺爱。但其实理想的状态是成为上述两种流派的共同对立派——温和而坚定的权威型父母。我不愿意被焦虑环境驱赶着逼迫孩子什么都去学,并不是因为我主张孩子应该一味地玩耍享乐,也不是我只顾着自己轻松,而是因为我想筛除掉那些对孩子的成长没有意义、扼杀求知欲,却打着"高级术语"的旗号忽悠家长,同时还将孩子成长过程中自然发展的能力算作他们"教育"功劳的课外兴趣班。而且,我也不认为孩子的自驱力是靠"高压政策"压出来的。

·· 过度的管控是自律的反面

家长给孩子报林林总总的课外兴趣班，整天盯着他们写作业、练习才艺；家长催促、监视、打骂、惩罚，孩子厌烦、拖延、哭闹、叛逆——有多少孩子的学习生涯是这样度过的？我相信有很多人都是这样管束孩子的，结果孩子学会自律了吗？培养出好习惯了吗？

盯、看、管，其实正站在了"自律"的对立面——这是一种"他律"。孩子自主学习的动力和能力，并不会因为父母的包揽、监视、控制而发展出来。小时候因为无力反抗只能被迫接受，再大一些就会跟父母对着干了，也就是所谓的"青春期叛逆"。孩子在逐渐长大的过程中会生长出自己的想法，他自己愿意做和不愿意做的事情会越来越多，如果家长一味专制和过度控制，那么"管不住他"的那一天总会到来。

控制的另一个极端是放任自流，任其野蛮生长。我虽然佛系，但始终认为，不管对孩子怎么尊重、爱护，不管怎么给予自由、自主，都不能走向天平的另一端——放任自流。就像我家孩子，假设由他"完全自主"地安排暑假，那他必然会给自己安排玩一个暑假的平板电脑。孩子的自控能力毕竟有限，而且别说是孩子，很多时候我们成年人也不够自律，需要监督。因此，父母永远是孩子成长的第一责任人。没有父母的监督和引导，"培养孩子的自主学习能力"只会是一句空话。

维果茨基的认知发展理论中，特别强调"最近发展区"，即孩子跳一跳才能够得着的能力范围。而且为了让孩子能够在最近发展区获得相应的认知发展，父母作为"脚手架"的功能是必不可少的——你不能指望孩子自己就可以够得到，父母的任务是提供辅助，给他们"跳板"，给他们"梯子"，让他们真的能够跳起来，够得到。

··允许试错才能主动探索

兴趣班当然可以报，但不是茫然无目的地报，也不是看到别人学轮滑也要让孩子学轮滑，看到别人学钢琴也要让孩子学钢琴。我希望家长可以把一部分主动权交给孩子，允许孩子选择，允许孩子试错。

在"试错"这件事情上，我和鹿老师其实也产生过分歧。比如孩子小时候，曾经对篮球、围棋、机器人课都产生过强烈的兴趣，但上到一半之后都不愿意再学了。鹿老师当时说："这都是他自己选择的，不能让他养成半途而废的坏习惯。已经给过他选择权了，再不想上也得接着上。"但我认为这就属于"试错"，能够坚持到底的人固然值得敬佩，但"半途而废"也不是什么大罪。如果孩子面对自己的"兴趣"都失去了"试错"和"选择"的权利，这会令他日后不敢探索与尝试。后来，试过不少"兴趣班"，也经历过一系列"半途而废"之后，孩子对攀岩课、化学课和科学实验课的浓厚兴趣一直保持了下来，根本不用骂、不用催，也不用监督，他上课的主动性很强，学得也很好。

皮亚杰曾说过："每个孩子都是天生的小小科学家。"科学家的工作就是提出假设，进一步验证假设。孩子们亦是如此，他们乐于通过探索和试错来了解所有可能，探究各种后果。我们家长对孩子的教育也应是如此，没有一套非黑即白的模板可以直接套用，总是需要我们自己不断摸索、思考和校正。

只会说"好话"的家长不是好家长

曾有读者向我咨询：

我女儿今年 7 岁，现在上一年级。我和她爸爸在育儿方面有较大的分歧。我认为要给予孩子充分的爱、平等和尊重，但她爸爸比较神经大条，和女儿沟通的时候不像我这么注意细节。

最近孩子刚结束期末考试，她爸就急着问成绩，先是问她考试分数多少，排名第几，她的朋友成绩怎么样。接着，他又批评孩子太粗心了，给孩子设定了目标，下次考试不得低于 98 分。为此我们产生了争执，我说不要给孩子太大压力，不要太在意排名，更不要拿孩子和别人比较。

我崇尚正面管教，认为应该正面鼓励、引导孩子，给孩子以积极的心理暗示，坚决反对惩罚孩子。但是孩子爸爸却说我听"专家"的话走火入魔了。

我记得您也说过，要让孩子爱上学习，而不是爱上考试或排名；要激发孩子的内驱力，而不是施加外驱力。现在我和孩子爸爸的分歧似乎不可调和，希望您能指点迷津。

凑巧的是，收到这条读者留言的时候，我正在阅读一篇名为《家长绝不能对孩子说的十句话》的网络文章。我粗略地浏览了一遍，发现"绝不能说的十句话"中就包括这位读者提到的"你这次考了多少名？""第一名考了多少分？""为什么达不到我的要求？"。

我把这些"绝不可以对孩子说的话"与实际生活进行了对照，发现有些话我也曾说过。再回头看看我家的浑小子，他似乎并没有受到什么心灵打击，仍然和平时一样混不吝地在鼓捣他发明的"打爸爸器"。

其实他是比较敏感的孩子，即使我对他说过这些家长"禁忌之语"，他依然大大咧咧、自信满满，信任和依赖我，并且依然爱我。这似乎可以佐证，"家长不该说出口"的那些话，好像也没有想象中那么可怕的杀伤力。

··无条件的爱不代表只能说好话

伤害并不是由某一句话造成的，而是持续的行为、情绪、语言和家庭氛围共同造就的。同样是"你考了第几名？""这里为什么做错了?"这样的问句,家长在提问时自身伴随的行为和情绪不同,导向的后果也自然不同。

如果家长只是单纯客观地想了解孩子考得怎么样,在同伴中处于什么水平,那并无不可。毕竟考试就是对学习态度和学习成果的验收,负责任的父母一定不会对孩子的事情放任不管。假设父母想要给孩子提供支持,那么事先了解清楚孩子对知识掌握的程度,以及他们在同龄人当中的进度,才能对症下药地制订计划,帮助孩子提高成绩。但如果父母是在发泄自己的情绪,那么话语之下则可能隐含着"你看人家多厉害""为什么别人都行就你不行""你怎么那么笨"等贬低之意,甚至也有家长会出现摔东西、拍桌子、打骂等羞辱行为,这才会对孩子造成伤害。

有的家长朋友过度解读了"正面管教""无条件的爱"等话语的意义,对"惩戒""管束""批评""提要求"等字眼如临大敌。事实上,无条件的爱和正面管教并不是"不管你做得多糟糕,我都只能顺着你的意说好听的话,不能出现任何逆耳之言",而是"不管你做得多糟糕,我都不会贬低你、放弃你,更不会打骂羞辱你,我会客观地给出评价,接纳你并帮助你解决问题,支持你找到自己的方式与这个世界共处"。

家长有尊重孩子、将孩子视为平等个体的意识,有给予爱和自由的观念,这很好,但也不必如此小心翼翼,对于"专家"说的"要怎样或不要怎样"理解得过于教条。

··要不要给孩子设定目标?

爸爸要求孩子下次考试的成绩不得低于98分,但是妈妈认为爸爸太在乎分数和排名，给孩子太大的压力，会损害孩子的内驱力。我是说过要注重内驱力大于外驱力，要注重学习兴趣大于考试成绩——对于"过度在乎"排名的家长，这是需要特别注重的问题，但是这不意味着外驱力要被完全否定。我也不鼓励家长们走向另外一个极端，即对孩子的成绩和排名不设定任何目标。

每个人天生都有追求卓越的动机，因此设定目标无可厚非，甚至可以认为这是通向优秀的必经之路。如果连"这次考试考了多少名？""同学考了多少分？""下一次争取考到98分"等都成为家长不可言说的禁忌之语，那么也就无法帮助孩子树立良好的竞争意识，更不会有进步的动力。我们不需要预设孩子是脆弱且不堪一击的，孩子不会因为父母设定的一个小小学习目标就承受不了重压，产生心理阴影，失去爱与自由。

那么，家长应该如何有效地帮助孩子设定目标，才是关键所在。最无效的做法是，家长只设定目标，却不协助孩子达成目标。如果家长只表达不满，却给不出有效建议和支持策略，孩子听到"你看人家多厉害"之类的话语后，第一反应往往就是"在你眼中谁都比我好""你只会定一个遥不可及的目标，反正我也做不到"。相反，"权威型家长"会和孩子一起找到解决办法：其他人是怎么做到这么厉害的？我们可以怎样做才能和他一样优秀？

··根据年龄的发展设立不同的目标

我儿子上小学之前，我对他的学习没有任何要求，只要他玩得开心就好。但随着孩子年龄的增长，我对孩子设定的发展目标也做了相应的调整。孩子读小学前，我侧重兴趣培养与游戏性质的学习，上小学之后，学习策略上以知识的掌握和目标任务的达成为重点。

根据埃里克森的心理社会发展阶段理论来看，6岁至青春期孩子正处于"勤奋对自卑"的矛盾当中。他们需要从"自主完成任务"中获得成就感和勤奋感，以对抗"无法完成任务"带来的自卑感，由此发展出的品质可以帮助他们在今后的独立生活和工作任务中充满信心。

由于孩子的作业太多了，平时我会允许他有选择地完成题目。如果我发现他确实掌握了书本知识点，那么我帮他一起完成同类型的题目的情况也存在，因为没有必要浪费时间做重复而机械的工作。但如果知识点掌握得不够扎实，他会主动提出多做几道题，且不需要我的帮忙。这就是他的勤奋感和获得成就感的内在动机在发挥作用——他希望由自己解答题目，而不依靠他人的帮助。

我们要对孩子有信心，不要给他们施加太大的学习压力，但也不必把孩子当作丝毫经不起考验的温室花朵，为孩子制定适宜的目标，帮助他们搭建"跳一跳够得到"的"脚手架"，也许能激发出孩子更强的主观能动性。

妈妈不是超人

我曾经收到两则读者留言,其中一则是:"我正在家里休产假,恨不得一分钟都不离开孩子,想给孩子最大的安全感和依赖感,生怕自己哪里没做好,让孩子落下心理阴影。想请问鹿老师也会有这种感觉吗?"

另一位读者留言是:"张老师,你和鹿老师既要工作又要写自媒体文章,感觉非常忙碌。工作闲余,你们大部分时间似乎都在陪伴老大,突然很担心你们家二宝会不会被忽视、被冷落了?噢,我是不是瞎操心得有点过了?"

首先,我想对第二位提问的读者说:你没有瞎操心,因为我们自己也有同样的担心。有时候多陪陪二宝,怕忽略了老大;多陪了会儿老大,又怕忽略了二宝。我每天都在陪伴家人、带学生、搞科研、创作自媒体科普文章之间来回切换,哪样都不想落下,哪样都想做好,有的时候真的会产生自我怀疑。

鹿老师也一样,自从有了二宝她更忙碌了。我带哥哥出门上课、玩耍的时候,鹿老师就趁着哥哥不在家(怕哥哥吃醋,嫉妒弟弟),抓紧时间和弟弟亲热亲热,培养母子感情;哥哥回到家后,我们便又交换角色,她负责陪哥哥,我负责陪弟弟玩耍。等两个宝贝都消停了,我们再抓紧时间做家务、工作或学习。

结果,鹿老师在工作、生活、学习以及两个孩子之间分身乏术,弟弟才4个月大的时候,她就累到没母乳了。因为这件事情,她自责痛哭了一晚上。我安慰她说:"喝配方奶也很好啊,配方的营养成分无限接近母乳。"她回答道:"这不单是营养的事儿,母乳是我和二宝之间的一种连接和交流。现在这个连接被切断了,我给孩子的安全感和孩子对我的依赖感也跟着被切断了。"

这就回到第一位读者的提问:"鹿老师会有那种恨不得分分钟不离开孩子,想给孩子最大的安全感和依赖感,生怕哪里没做好导致孩子落下心理阴影的感觉吗?"是的,她太有这种心理负担了。但听我一句劝,妈妈们真的不要给自己这么大的压力。你们都想做完美的妈妈,生怕给孩子留下一点遗憾,但其实遗憾就是人生的常态。你们已经做得非常好了。即便不能和孩子分分秒秒、朝朝暮暮地相伴,你们对孩子的爱、你们的真心,他们也一样能感受得到。

关于离乳这件事,我对鹿老师说:"我们都学过恒河猴实验。你也知道，对小猴子来说，只有饿的时候才需要挂着奶瓶的铁丝妈妈，而它平时喜欢抱着、黏着布猴妈妈，在它感到害怕、孤独、寒冷的时候，布猴妈妈更是它的避风港湾。这说明什么？说明对孩子来说，不是'有奶便是娘'，而是有温暖怀抱的才是妈妈。没有奶，没关系，奶瓶里的配方奶一样可以喂饱他；但是你有怀抱，依然可以用怀抱给他温暖，这才是安全感和依赖感的来源。"

当然，面对年幼的孩子，妈妈自己也会很焦虑，恨不得一秒钟也不分离。但其实只要妈妈给予孩子足够的安全感和信任感，孩子是可以放心地将后背交给妈妈的。有安全感的孩子可以离开妈妈自由地探索，因为他知道，一转身妈妈就会在；同理，孩子也知道天黑了妈妈会回来。这说明什么？说明只要妈妈给予孩子的安全感是充沛的，爱是富足的，孩子并不需要每分每秒都和妈妈黏在一起。

鹿老师的一位朋友也有类似的焦虑。她说："我工作非常忙，经常加班，根本没空为孩子做饭。我特别内疚，觉得自己不是个好妈妈，可是我又很喜欢现在的工作，我不想丢下工作做全职妈妈。"我问她："你下班回家后，会陪孩子一起吃饭吗？""那还是会的。我每天写完稿件后，也会抽时间陪孩子玩耍，和他玩亲亲抱抱举高高的游戏。"她答道。我表示："那就很好啊！孩子最喜欢妈妈的'亲亲抱抱举高高'了。"

但她还是很自责："有时候看到一些网红博主，为孩子变着花样儿地做三餐，而我连一顿饭都没为孩子做过。"我告诉她："你在工作忙碌、时间紧张的情况下进行这样的安排，其实是合理的。因为对孩子来说，谁做饭其实差别不大，反而是谁陪孩子一起吃比较重要。这与恒河猴实验是一样的道理，喝奶、吃饭是生理需求，而能满足孩子情感需求的，永远是妈妈的怀抱。你把做饭的时间省下来陪她玩，陪她吃饭，多抱抱他，这就是高质量的亲密陪伴啊，并非只有妈妈天天接送孩子、天天做饭，才是不缺席孩子的成长。"

说到这里，鹿老师另一位闺蜜又焦虑了。因为身为企业高管的她不仅没时间给孩子喂奶做饭，也没时间陪孩子吃饭，更没时间陪孩子玩耍、给她讲故事等。这些日常的陪伴工作平时都是孩子爸爸完成的，因此女儿也和爸爸更为亲密。对此，她感到很愧疚，觉得自己除了钱，什么也给不了孩子。像这种情况，孩子跟爸爸的关系更亲密是正常的，妈妈其实也不必过于焦虑。

从依恋的定义来看，孩子并非只能和妈妈发展出依恋关系，孩子可以和自己的主要养育者发展出相应的依恋关系。因此在上述的家庭关系中，亲密陪伴的养育任务是由爸爸来承担的，而只要有人（比如爸爸）持续稳定地承担起养育角色，那么孩子的安全感，以及安全型的依恋风格就可以很好地建立起来。

其次，安全型依恋关系的建立重在质量而非数量。就算家长不能整天相伴，但如果能够尽可能地提供高质量的陪伴，对孩子来说就是好的。反之，有些家长虽然成天和孩子待在一起，但是对孩子的要求视而不见，甚至非打即骂，这样并不能给孩子提供足够的安全感，对孩子来说并不是一件好事。

我观察过鹿老师闺蜜家的亲子相处模式，她虽然工作忙，但只要一回到家，还是会和女儿温柔幽默地交流，并不是冷漠、忽视孩子、不闻不问的家长，也不是喜怒无常、暴戾的家长。有一件事令我印象特别深刻，一次我们去上海找她玩，正赶上她女儿面试一所很难进的私立小学。孩子认生怯场，哭着不愿意进去，她耐心地询问开导，承诺可以实现孩子的一个愿望。女儿问道："如果我进去面试，可以涂妈妈的口红，戴妈妈的项链吗？"平时她是不同意小朋友化妆戴首饰的，但是看到女儿的期待后，她立刻答应了。最后，小朋友挂着泪珠，涂着妈妈的口红，戴着妈妈的项链进入了考场，面试官看她这样子都被逗乐了，问她为什么这样打扮。孩子说："我喜欢妈妈的项链，因为我的妈妈是一个超级棒的女生，她坐在大办公室里，做很厉害的事情，我也想成为和她一样的人。"这一番话当场触动了面试官，孩子也顺利通过了面试。

因此，我对她说："你不要妄自菲薄，觉得自己除了钱什么都没有给过孩子，你对她的正面影响其实一直都在。面试的例子就说明了在孩子的成长中你并没有缺席，你只是用不一样的方式在陪伴她而已。"

聊到这里，我相信肯定有很多全职妈妈又开始焦虑了："看看人家的妈妈，能挣钱，能带给女儿正面的榜样力量，可我除了做饭，还能带给孩子什么呢？"你们真的都对自己太严格了！这又要绕回原点：全职妈妈给了孩子无比幸福和丰盈的童年。不要妄自菲薄地觉得自己没有给孩子提供足够优渥的物质条件，从而陷入焦虑——因为妈妈给孩子的陪伴是千金难换的。

我希望无论是每日忙于三餐的全职妈妈，累到断奶的二胎妈妈，还是没空做饭的职场妈妈，或是整天出差的高管妈妈，都不要对自己要求太高，给自己太大的压力。妈妈真的不是超人，没有谁可以完美地、面面俱到地提供所有价值。

好爸爸是家庭"润滑剂"

不知道什么时候起,有一个词悄悄地"火"了起来,它就是"丧偶式育儿"。"丧偶式育儿"是指在孩子教育中,父母某一方严重缺席(通常是父亲),同时缺席的一方有如下表现:口头禅是"别来烦我";一到休息日就安排自己的事情,比如加班、打游戏、和朋友聚会等,总之很忙,几乎从不陪伴孩子;当孩子出现问题时,一味指责伴侣,不会反思自己……

"缺席"的父亲们也感到委屈:"我工作这么累还要带孩子吗?""再说,我哪里没陪孩子了,上次还跟他一起玩手机呢!"那么,孩子的养育只靠母亲就没问题吗?父亲要怎么做才算有效陪伴呢?

··爸爸的态度至关重要

20世纪七八十年代，美国心理学家兰姆经过一系列研究后得出结论：父亲对于孩子的成长至关重要，同时，父亲参与育儿程度之深浅也会影响孩子的成长发展。例如，以下这两种父亲虽然都在孩子身旁，产生的结果却完全不同：

第一种是"身在曹营心在汉"。有的父亲只是"身体上"和孩子生活在一起，心却不在孩子身上。他们虽然和孩子处于同一屋檐下，但不会主动与孩子交流互动。如果孩子想与其交流或玩耍，这类父亲往往态度敷衍，甚至会不耐烦地赶走孩子。这类父亲的存在与单亲家庭对孩子的影响是相似的，都极为负面。

第二种是"能告诉爸爸你在做什么吗?"。这一类父亲会主动参与孩子的教养过程，而不是因为妻子生气责怪了，才不得不接手养育任务。与孩子聊天交流、和孩子一起进行户外活动等是这类爸爸的日常任务。当然，全身心投入、不敷衍的陪伴也有益于孩子的成长发展。

··父亲的参与对孩子有哪些好处?

父亲的陪伴对孩子发展有益，可具体体现在哪些方面呢？主要是以下两点：

社会性知识和技能

当孩子还处于婴儿时期时，母亲的作用可能更大，因为母亲更容易察觉到孩子各种各样的需求。当孩子逐渐探索到更大的世界时，父亲的作用就凸显出来了，这主要体现在父亲可以通过游戏的行为，让孩子学习到更多社会性的知识和技能。在动物界，幼年帝企鹅、狐狸就是通过和父亲玩耍学会捕猎、逃跑等生存技能，人类社会同样如此。在游戏过程中，孩子自然而然地会学习到父亲的处世之道和社会性知识，这有助于他更加适应社会。

性别观念与智力发展

可能有人会觉得，在培养性别观念这一方面，父亲的存在只对男孩有意义，对女孩影响不大。其实是同等重要的。更重要的是，父亲是否参与养育会影响孩子的智力发展。当父亲缺位时，孩子的智力水平可能会比父亲充分参与养育的孩子要差一些。

·· 好爸爸是家庭"润滑剂"

在日常生活中，我们会发现，如果一个父亲积极参与孩子的教养，那么这个家庭往往是和睦的，母亲对待孩子的态度也会更加温柔耐心。反之，如果父亲缺位，家庭成员间经常爆发争吵，这种时候孩子往往会被当作"出气筒"。母亲在教养孩子的过程中难免会感到巨大的压力，有一些负性情绪需要宣泄。如果父亲长期缺位，她宣泄的对象就可能成为孩子，随之会出现一些比较粗暴的言语和行为。但是如果母亲可以通过倾诉等行为将负面情绪宣泄给父亲，就不会把孩子当作"出气筒"了。

可以说，在家庭中，父亲有"润滑剂"的作用。这个角色扮演好了，可以消除家庭中的负面情绪，维持家庭的和睦，间接地对孩子的成长产生正面影响。

爸爸们可以从现在开始，把"别来烦我"换成"我们聊聊天吧"，把周末的朋友聚会换成跟孩子的外出踏青，把伤人的斥责换为体恤的问候。孩子最需要父母的时间只有短短几年，错过了就再也不会回来了。

对孩子的吵闹没有耐心并非不称职

暑假期间,孩子每天在家都会制造各种"叽叽喳喳"的尖叫声、呼号声与吵闹声……开学之后,孩子的声音仍然"余音绕梁",仿佛就在我耳边。当初没有孩子的时候,我也曾是个两耳不闻窗外事的无忧少男,现在儿子教会了我巴甫洛夫的奥义——无论身在何时、身处何地,不管周围的环境有多嘈杂,只要他尖声利嗓地喊一句"爸爸!",我立马浑身一激灵,站起身来。那一声"爸爸"仿佛可以穿透各种障碍直击耳膜,重重击中试图放空的我。这就像电影《疯狂的外星人》里面的外星人奇卡,不管在干什么,只要黄渤饰演的耿浩把铜锣哐啷一敲,鞭子呼啦一抽,奇卡立刻就能跳上自行车表演起来……

有读者问道:"我完全受不了自己家孩子的吵闹声,常常是把孩子送去学校后我会感觉浑身舒坦轻松,这是为什么?是我不够爱孩子,还是我缺乏母性或者太自私了?"类似这样的想法让不少父母感到内疚自责,但事实上,对自家孩子的吵闹声格外敏感,只是一种非常正常的生理现象而已。那么,为什么孩子的声音会让父母这么难受?

··频率高

一般来说,孩子正常说话时声音的频率是处于我们听力可以接受的范围以内的。真正让父母感到特别不舒服的,往往是一些高频的声音。研究发现,音频介于2000~4000赫兹区间的声音会带给我们最强烈的不适感,例如指甲刮黑板的声音。而孩子(尤其是新生儿)的啼哭声差不多就处于这一频率范围内。这或许是一种进化上的适应性——新生幼儿发出高频的、警报似的哭闹声,是在提醒家长不要忽视他们,由此获得良好的照料。

··空间小

随着年龄的增长,孩子声音的频率也会逐步下降,4~6岁儿童的声音已经不再像警报似的那么刺耳,为什么父母还是经常觉得孩子吵闹呢?其实这已经无关乎孩子的说话频率。

究其原因,首先,这可能与整体的家庭环境(又称"家庭嘈杂度")有关。所谓的家庭嘈杂度,主要反映了家庭环境的噪声大小、拥挤程度以及家庭环境的组织条理性等等。比如,我发现自己在开车的时候更加无法忍受孩子"叽叽喳喳"的絮叫声，不仅耳朵疼，脑袋也疼，这大概是车内空间狭小封闭的缘故。

相关研究表明，家庭嘈杂度越高，家庭成员更倾向于且更容易关注消极的事件信息，并以消极的方式处理和加工信息。在《心理科学》杂志上有一篇关于儿童外化问题行为、母亲消极情绪以及家庭嘈杂度关系的研究，结果发现：在高嘈杂家庭中，儿童外化问题行为能够显著正向预测母亲负性情绪，但在低嘈杂家庭中，儿童外化问题行为对母亲负性情绪的预测效应不显著。通俗地讲，当家庭环境嘈杂的时候（比如空间小，家庭成员多且嗓门大），孩子调皮捣蛋不听话，妈妈的忍受度会比较低，脾气往往会倾向暴躁；当家庭环境不那么嘈杂时，家庭成员的交流方式也会比较柔和、轻声细语，那么即使孩子很淘气，妈妈往往也能保持温柔。

因此，如果家庭环境颇为嘈杂又暂时无法改善居住条件，那么建议多带孩子开展户外活动。如果上述这点也难以实现，那么只能尽量保持室内环境的安静。

··鸡尾酒会效应

然而，在实际生活中，我们也常常会遇见相反的情况，比如，在办公室、教室、商场、室内运动馆等嘈杂环境里工作、学习或运动时，当我们沉浸到个人事务之后会发现环境中的噪声仿佛就消失了，似乎没有那么吵。既然都是噪声，为什么我们能过滤掉环境中大多数的嘈杂声音，而孩子一句"爸爸""妈妈"的呼喊声，就如同警报器，甚至铜锣、皮鞭一样，令人无法忽视呢?

这可能与心理学概念中的"鸡尾酒会效应"相关。在鸡尾酒会上，周遭环境嘈杂喧嚣，但是大部分人都可以过滤掉环境中的噪声，自顾自地喝酒聊天。尽管如此，即使前一秒你正在聚精会神地欣赏音乐，或是与他人促膝长谈，如果此刻旁边有人提到你的名字，你会立刻竖起耳朵，心想："谁在叫我？"这种现象被称为"鸡尾酒会效应"，它其实是大脑选择性注意的一种反应。即大脑会选择性过滤掉一些不重要的信息，迅速捕捉到一些重要的信息，例如和自我相关的信息，或是熟悉重复的刺激等。

一般来说，声音的选择注意存在两种可能的路径。一种是刺激驱动捕获（stimulus-driven capture），即环境中的某些物体因为自身的特性导致它很难被忽视。例如，突然出现的一声巨响。另一种是目标指向选择（goal-directed selection），你可能会因为某个人提到你的名字而关注到说话者，因为我们总是非常关注和自我相关的信息；又或者孩子发出了你熟悉的尖叫声，而这种声音是你完全无法忽视的。

在某次朋友聚会中，我亲身验证了这一理论。那次聚餐，除了我和鹿老师之外，其他朋友都带了孩子，几个孩子的玩笑打闹声不绝于耳。朋友们纷纷流露出了"头疼"的表情，对自家孩子发出的各种刺耳声音立即做出反应。对于孩子们发出的声音，起初我和鹿老师觉得有点吵闹，但是当我们适应之后，这种连贯的、延续的吵闹声，居然渐渐变成了一种背景音，完全不影响我俩谈笑风生。当时，我们得出结论，因为那些声音不是自家孩子的，我们才能够放松，没那么敏感，不会产生被巴甫洛夫的鞭子猛然抽到心坎上的感觉。

因此，家长们不必为受不了自家孩子的吵闹声而感到自责，这并不说明你们缺乏父爱或母爱；相反，对自己孩子的声音非常敏锐，且能够做出即时正确的反馈，这样的家长更加称职。家长们不要背上太多的道德枷锁。

集体焦虑的家长，如何不被压垮？

相信每个家长的微信里，除了相亲相爱一家人的亲戚群之外，最热闹的当数孩子的班级群了，而且这个群大概率是被置顶的。

一天，我在新闻里看到了一位崩溃的爸爸愤怒地退出了孩子的班级群。这位爸爸表示："我就退出家长群怎么了？""我有那么多时间接收群消息，不会自己教吗？""说实在的，（老师）辛苦什么？教是我教，改是我改，是谁辛苦啊？"……

对新闻中这位家长的做法，网络上的评价也是两极分化。很多家长对此产生了共鸣，支持父母们发声，因为这位家长说出了自己想说却一直不敢说的话——大多数家长都是职场人，一边要顶着上班压力，要开会、要加班，一边还得关注班级群的消息,看看老师又发了什么通知,实在分身乏术。也有人表示,学校并不是要把教育责任推脱给家长,而是孩子的教育本来就需要家校配合,家长不付出时间陪伴孩子,只想把孩子全权交给老师和学校,这样是教不出好孩子的。

这么一听,双方的说法似乎都非常有道理。关于此事,大部分网友留言呼吁:还"家长群"原本该有的样子;维护好"家长群"的环境,使"家长群"成为高效有益的教育工具,等等。但是"家长群"本来该是什么样子呢?家长认为老师在推脱,使得家长的负担越来越重;老师又认为家长在推卸责任,觉得家长的投入不够多。问题到底出在哪个环节?

·· 现在家长的付出,到底是不足还是过多?

我个人认为,现在的家长们还是挺辛苦的,他们投入的时间与精力应该要比老一辈多一些。但是作为学者,仅凭个人感受做出判断肯定是不行的,于是我开始寻找数据,检索有没有关于"家长在孩子身上投入的时间"的相关研究调查。

皇天不负有心人!终于让我查到,2018年,《家族史杂志》(Journal of Family History)上发表了这样一篇文章,文章标题单刀直入,非常直白:《2004年至2011年,中国家长陪伴孩子时间的变化》(Changes in Parental Time with Children in China, 2004—2011)。在研究期间内(即2004—2011年),作者发现母亲陪伴孩子的时长比较稳定,没有特别大的变化;相较而言,父亲陪伴孩子的时间较少,只有母亲陪伴时长的一半左右,但整体呈现出些许上升的趋势。

虽然该研究数据截至2011年，时间轴上略微有些陈旧，但是其统计模型可以帮助我们掌握一般性规律：在陪伴孩子方面，母亲投入的时间往往较多，且多年来没有显著变化；父亲投入时间较少，随着时代发展有所增加，但也并非产生了翻天覆地的变化。既然如此，为什么家长都觉得越来越不堪重负了呢？

其实，10年前家长们也在抱怨来自学校的负担越来越重。"00后"小助理告诉我，她们读书时家校联系常用的是"家校通"，通过手机短信的方式建立学校和家长的互通；而作为"80后"，我小时候父母和学校联系用的是"家校联系簿"。虽然那会儿没有"班级群"，但是家校矛盾一点也不少。由此可见，其实并不是"班级群"导致了坏影响和坏结果，而是家长们（包括老师们）面临的压力太大，无处安放的焦虑使得大家的心态变得很糟糕，从而触发了更多的负面情绪。

··"教育内卷"：明知道可能没用，但不得不加大教育投资

与老一辈的父母相比，年轻父母确实更注重科学育儿、亲密育儿、早教开发等，也更愿意在孩子身上投入更多的金钱、时间和精力。但由此导致的朋辈压力、育儿资源竞争，加上信息庞杂等问题，也加剧了年轻父母的育儿焦虑。

这几年"教育内卷"一词特别流行，我以前一直不太理解到底竞争有多激烈，是什么样的"卷"法。直到有次一位朋友在群里问，如果自己家孩子没有在才艺类兴趣班学习过，就这样"裸奔"进小学，家长慌不慌？其他群友纷纷应和："慌！"

这时我才明白,所谓"内卷"就是虽然家长们都知道孩子辛辛苦苦学钢琴、学舞蹈,学校年会时未必能排上表演节目,但仍然禁受不住"别人都学我不学"的压力,宁愿选择花很多钱逼着孩子学习。同理,成年人在单位里怕被年轻后辈超越,所以拼命加班,明知道没有加班费,还要压榨个人生活空间,尽管如此也不能避免被追赶和被淘汰的命运,但是竞争的压力不允许退出。

因为担心孩子输在起跑线,所以家长明知道不断地加大教育投资的砝码、大量地投入时间与金钱可能是无用功,却还是忍不住想要再加把劲。什么是"内卷"?这就是"内卷"。到最后,耗竭的是家长的精神世界和认知资源,必然是自己的心态先崩塌,才会出现一颗小石块都可以激起千层浪的局面。

··推卸容易自省难

关于归因风格,我曾讲过在遇到糟糕事情时,大家都愿意向外归因,把责任推卸给另一方。例如,在上述家校冲突案例中,学校可能会说:"你们身为父母都不好好花时间教育孩子,不给孩子养成好习惯,老师们打不得、骂不得,还能怎么做呢?"家长则可能反驳道:"学校不就是教书的地方吗?都要我教,还要老师做什么?我上班累了一天,回家就想躺着不行吗?"

如果我们试着换一种归因方式,看看会不会和谐一点:"唉,我们家孩子确实调皮难管教,给老师添麻烦了。""对不起,家长,没有学不好的学生,只有不会教的老师,孩子没学好我们有责任。""孩子不爱学习可能就随我,我小时候也不是学习这块料,还是别为难他了。"

当我发现自己家孩子有什么缺点时,我和鹿老师通常会抢着说:"这是我的问题!他的字写不好,跳绳学不会,算术不好都随我,是我的基因不好!"

如果能调整归因风格,夫妻之间的家庭矛盾能够化解,家长和老师之间的家校矛盾也能有所缓解,大家的焦虑感和挫折感自然会大幅降低。

··孩子就是孩子自己,不是家长的脸面

在不少有关家校矛盾的社会新闻中,很多人都提到在班级群中,如果家长遗漏信息,忘记回复,或者孩子哪里没做好,就可能会被老师"@"出来,不少家长觉得这很伤自尊。

假设老师"@"家长并进行人身攻击,这种情况鼓励家长要坚决反击。如果老师只是提醒你孩子没带书,或者哪条信息忘记回复,这根本不算什么大事儿,家长可以放宽心,学着自我调节。甚至我有一位朋友曾说,她看到老师在群里点名表扬班上几位同学,其中没有她家孩子,她都觉得自尊受到伤害,恨不得退群。

我说这就是你的心态有问题。

长久以来,中国家庭"互依型自我"的亲密关系模式,导致家长会将更多的"希望"寄放在孩子身上,认为如果孩子不行,丢的不仅仅是孩子的脸,而是把祖上三代的脸都丢尽了——这样必然导致家长焦虑的急速增长。而班级群就是这样一个展示优良中差,助长焦虑的修罗场与竞技场。

如果大家能够认清现实,结果就会好很多——孩子就是孩子,我们只是同行一段路,这段路由我扶持着他成长,仅此而已。他做错了事,需要由他自己承担结果。比如老师在班级群里提醒我们,我家孩子忘记带书了、校徽丢了、鞋子穿错了,我和鹿老师就去送书、给孩子重新购买校徽、帮孩子把穿错的鞋子交换回来,没有什么值得大惊小怪的。不过,家中长辈会感到很焦虑,他们觉得公然在班级群里被老师这样提醒,丢了颜面,心里这个坎儿过不去,便责怪我们:"你们怎么都不着急呢?""不着急啊,丢脸的是他自己,我们不觉得丢脸啊。"

焦虑程度低了,情绪反应也就不会这么激烈。大多数时候,事情压不垮人,眼怕手不怕,事情一件一件做,总归都能解决,但是焦虑能压垮人,情绪先于事情被压垮才是难解决的。

父母离婚对孩子影响大吗？

通常来说，高考结束之后是一个离婚的小高潮，因为很多"为了不影响孩子而不离婚"的夫妻终于"忍到头了"。

之前某部非常火的电视剧中，小主人公在父母离婚后的转变令人嘘唏不已，以至于不少读者留言问我关于"父母离婚对孩子的影响"的看法。于是，我抽空将这部剧一集不落地看完了，对于"离婚对孩子的影响"这一点也感触颇多。

网友们对于电视剧里小主人公从"学霸""乖孩子"堕落成"坏小孩"的归因，大概分为两派：一派认为他交友不慎，他人生的坠落就是从结交两个"问题少年"开始的；另一派则认为，小主人公成长于单亲家庭，父母离婚才是"摧毁"他的主要原因，这事不能归咎于他的伙伴。持后一种观点的网友认为，在单亲家庭里成长起来的小主人公内心一直是委屈渴求又压抑的，所以他们得出"离婚对孩子的影响真的很大，为了孩子父母尽量不要离婚"的结论。

这两种论调似乎都有道理，但是都不够准确。因为"交友不慎"也好，"父母离异"也好，都只是种种问题的表象。甚至可以说，"交友不慎"和"父母离异"都只是其原生家庭矛盾的必然结果。

··祸端早已埋藏在原生家庭中

小男主人公原生家庭的问题，并不是在他父母离婚时才出现，早在父母离婚之前，家庭关系的裂隙就已存在。例如，他的父亲不管是在离婚前还是离婚后，主要的精力都放在花天酒地、吃喝玩乐上，对儿子不闻不问，毫不关心；而他的妈妈一方面对孩子的生活、交友和情感都关心甚少，另一方面又有非常强的控制欲和好胜心。她过度关心孩子的学习成绩，又对孩子的内心世界一无所知。例如，她认为儿子的主要任务就是学习，认为"学生不需要交朋友"；她觉得儿子懂事了，能照顾自己，可以接受妈妈彻夜不归；甚至认为儿子不需要父爱，不应该原谅那个想回头弥补儿子的生父。但事实是没有一个孩子不需要父爱，他在这里得不到的渴求，必定会从其他地方疯狂寻求弥补。

小主人公的"堕落"并不是"父母离异"这个动作本身导致的，他性格扭曲的根本原因在于父母之间的相处模式以及父母对他的养育模式。换句话说，即使父母为了孩子选择不离婚，但要是父母营造的家庭氛围仍然是父亲不负责任、母亲偏激易怒，那么孩子日后依旧会出现各种各样的问题。

从某种程度来说，他是被生活抛弃的人，他的生命里太缺乏温情和快乐了，而在朋友这里他被关心、被依赖、被需要，是他者眼中的英雄、是哥哥。所以当他遇上"坏小孩"之后，他为了朋友打架斗殴、勒索敲诈，甚至卷入刑事案件，一步一步走上不归路。因为对他来说，朋友赠送的生日礼物、真心一笑，乃至为他擦拭白鞋上污垢的小举动，都是弥足珍贵的。

·· 在决定离婚时，要优先考虑孩子吗？

有读者提问，如果夫妻感情不和睦该怎么办？到底是"不看僧面看佛面"，为了孩子不离婚好，还是以自己为先坚持离婚呢？因为不论离婚与否，孩子身处其中都会受到伤害。或者说，单亲父母在抚养孩子的时候应该注意什么，才能将伤害降到最小，帮助孩子尽可能健康地成长？

值得注意的是，夫妻离婚，只是夫妻二人的婚姻关系结束了，而孩子和父母之间的亲子关系不会随着婚姻的中断而结束，亲子关系仍然是存在的。最理想的状态是"散买卖不散交情"，离婚的夫妻不阻挠孩子和前夫（妻）之间的亲近，让孩子明白父母分开只是由于成年人之间的相处出了问题，并不等于父母不爱他了，不论父母怎么选择，家人的爱永远都在，孩子和父母也是随时可以亲近的。

这当然是最理想的状态，但现实中有不少女性曾经向我求助："我也期望离婚后，孩子和他爸的感情能亲近如旧，但是也得爸爸真的爱孩子才行。孩子的爸爸本来就不着家，对孩子也不闻不问，离婚以后只怕更不会过问了，那孩子岂不是彻底没有父亲了？"为此，我想说句很难听的实话：如果生父在抚育过程中是缺位的，即便不离婚，孩子也等于没有父亲，缺位的生父远远不如一个好的继父。虽然说父亲的角色对孩子的成长非常重要，但"父职"不是靠婚姻存续来定义的，而是靠"参与"。

··好继父（母）可遇不可求，又该怎么办？

如果说，好的继父（母）可遇不可求，那么单亲父母至少可以让自己成为有能力给予孩子健康之爱的妈妈或爸爸。一个开心的妈妈或爸爸，要好过两个互相怨恨的父母。例如，在上文提到的电视剧中，小主人公的妈妈秘密地交往了一个男友。每次约会前，她都会特别打扮，化妆、穿裙子、穿高跟鞋，但是回到家中后，她会偷偷把约会穿的衣服全部藏起来，擦掉口红，重新做回无欲无求的单亲妈妈。这与她拒绝男朋友求婚的思路是一致的：她认为要想儿子好，就只能当一个清心寡欲的苦行僧。仿佛她涂脂抹粉、坠入爱河了就不是好妈妈。但事实是，在为儿子牺牲诸多，在儿子身上寄托全部希望之后，她对儿子控制欲更强了。她把孩子视为自己人生的全部，还给孩子灌输仇恨，把自己的不如意发泄给孩子，对儿子的"关怀"失去界限。

其实，父母要先有爱人爱己的能力和心态，才能给孩子提供快乐健康的成长环境。

当然，像电视剧里的爸爸那样，只顾自己恋爱，不顾孩子的需求，又是走上了另一个极端。

·· 不要"为了孩子不离婚"

我当然不是劝大家一定要离婚，只是无论离婚与否，都不要把这个沉重的包袱扔给孩子。如果夫妻坚持不离婚，但是天天吵架、打架、辱骂对方，这样的家庭生活只会让孩子恐惧亲密关系、恐惧异性，因为父母的婚姻让他感受到的都是麻烦、恶意和伤害。

你可以因为夫妻之间还有感情，害怕离开对方活不下去，或者婚姻关系还能挽救，甚至因为害怕亲戚的闲言碎语等种种原因选择不离婚，但是你需要面对这样的现实：是你（而不是孩子）不想离婚、不敢离婚。家长不要把责任推给孩子，说"爸爸妈妈都是为了你才不离婚"之类的话。

在儿童的心理发展过程中，会经历一段很长的"自我中心化"阶段，容易把一切问题的原因都归结于自己。假如父母向孩子传递"我是为了你才不离婚"的观念，孩子会形成一种错误的且根深蒂固的自我认知——把自己视为糟糕生活的罪魁祸首，认为自己是一切祸患的根源，甚至认为自己不该存在于世界上，将来也不会把另一个生命带到这个世界。这种影响很深远，甚至会影响到孩子成年之后的人际关系、伴侣关系和亲子关系（即依恋关系类型的延续性）。

离婚这一件事情并不会影响孩子的成长，影响孩子成长的是父母本身。

家长得了时代病，却让孩子吃药

有一位朋友问我："我家儿子最近不好好练琴，弹会儿钢琴就像上刑，整天看闲书，我该怎么引导教育呢？"我建议他退掉钢琴课，给孩子买点书看。朋友又问："不能孩子喜欢才学吧？你看很多成功的钢琴家都是小时候家里逼出来的。""我相信他们在弹琴的时候，感受到的一定是音乐的魅力，而不是痛苦……你儿子热衷于阅读，这是好事。"我答复道。最后，朋友忧心忡忡地说："可是，看闲书能看出什么名堂？"

问题就出在这里了。学乐器可以考级，学机器人少儿编程可以参加比赛，辅导语数外等科目可以提高学习成绩。可是看"闲书"呢？似乎并没有任何看得见的"收获"。

我在讲述人格心理学的时候提到过，从目标的角度，可以将人的成就动机划分为两种：第一种是成就目标，即以获得成绩、资质、表彰为目标；第二种是掌握目标，即以自我提升、掌握知识为目标。

心理学研究表明，不论是成就目标者，还是掌握目标者，他们获得高成就的机会都比常人多。其中，后者往往能获得比前者更大的成就，所学到的知识和技能也可以掌握和保持得更持久。这是因为成就目标者在达成成就之后，往往不会继续汲取"无用"的知识；而掌握目标者，目的在于"掌握"，因此更可能做到终身学习与持续思考。

当然，奋力拼搏去争取好成绩且享受这个成果，并没有任何问题，但是如果家长一味地强迫孩子或者病态地看重成果，从而抹杀了孩子真正的内在动力，不仅剑走偏锋，也得不偿失。作为家长，我们可能需要时不时地问一问自己："我对孩子的培养目标是什么？"是想通过孩子的考级证书、满分试卷和各种竞赛结果，向亲戚朋友证明什么吗；还是让你自己获得某种确定感来摆脱"内卷"的焦虑？

从学生时代到现如今的教学生涯，我在大学校园里经常能看到这样的学生：他们在脱离了父母的控制，失去了数一数二的成绩排名之后，生活突然就陷入失控状态，甚至面临被勒令退学的危机。究其原因，他们从小都只是被父母驱赶着去追求"优秀"，而成绩排名和考级证书就是"我很优秀"的证据，他们并不是发自内心地热爱学习本身。

我并不反对孩子学乐器和学画画，只是如果孩子对学习本身保持热爱、保持思考,那么一时的成绩或证书并不重要——因为伴随孩子一生的不是某项成绩,而是品质。培养求知欲和卓越的思维习惯,就像是给孩子"安装"高性能的"操作系统",这样今后他自己想装什么"应用软件"都能兼容。

研究数据也显示,在中国的社会文化中,以成绩为目标者往往才被视为上进、好学;不以考试和成绩为目标的学习,往往被视为不务正业,例如课外阅读是"看闲书",学习摄影是"玩相机",学习剪辑是"玩视频"。

也正因如此,很多家长才会过分追求"成绩"和"证书"。我接触过很多焦虑的家长,他们在不同的育儿阶段都有各种愁苦:做加减法要打骂,学拼音要急眼,背唐诗能拍断桌子,辅导奥数能气得被送进ICU(重症监护病房)急救……

我有位邻居是一名小提琴老师,机缘巧合下,我曾在他家见识过这样一位家长:每次她带孩子来练琴之前,老师都会把纸巾、热水、毛巾准备好。他的行为令我很诧异,作为一名乐器老师,他准备这些干什么?结果令我大开眼界:邻居说这个学生一会儿上课,十之八九会拉错,那时孩子妈妈就会歇斯底里,又是骂又是吼,甚至还可能动粗,然后娘俩一起抹眼泪,擤鼻涕,最后不得不洗脸。

但养育孩子就像过关一样,每天都会有不同的挑战和惊喜。如果养育过程中缺乏长远的宏观视角,家长就会在孩子练琴画画、写作业、考试成绩等每个细节上反复纠结、着急上火;如此一来,就会要求孩子在每个任务面前,都达成"目标",给出"优秀"的"证明"。结果孩子要么被磨去棱角、失去好奇心,要么抵触学习、失去内驱力。

家长认为自己的愁苦来自孩子的"不听话",但是问题的症结真的在这里吗?如果孩子突然"懂事",好好学习天天向上,就能解决所有问题吗?家长是否明白:其实是你自己得了时代的心病,结果却反过来强迫孩子吃药。

家长的错觉：孩子不及我当年

据微信朋友圈不完全统计，每到学期末尾最伤害家庭关系的莫过于期末考试成绩的公布——不仅伤害亲子关系，还严重伤害夫妻关系。多数家长拿到成绩后会认为孩子的智力水平不及自己的当年水平，而且绝大多数夫妻会认为是另一半的基因拖了后腿。

·· 孩子智力真的不及自己当年吗？

说到智商，人们通常认为"长江后浪推前浪""一代更比一代强"，这种想法可能与"弗林效应"有关。

弗林教授是一名反种族歧视的斗士，为反驳"黑人先天智力低下"的种族主义观点，他对智商测试问题进行了深入追踪研究。令人意想不到的是，这项研究的副产品竟比主要成果更受关注——研究发现，美国年轻一代的智商（IQ）总体高于上一代的同期水平。具体而言，从 1932 年到 1978 年，美国年轻人的智商（IQ）平均数提高了 14 点，而且在除美国之外的其他很多国家也普遍呈现了同样的趋势。这一现象被称为"弗林效应"。为何会出现弗林效应？这并未有定论。大家普遍接受的可能因素包括：教育的普及、环境的丰富、营养的均衡、传染病的控制以及混种优势（heterosis）。

在弗林效应的影响下，人们会接受这样一种心理预设：孩子的智商理应比父母高——从人类总体的样本池来看，似乎确实也如此。但事实上，并不是每个孩子的智商都会高于父母。这里涉及统计学的常用概念——回归。以最直观的例子——身高为例，从历史整体进化趋势来看，人类后代的身高通常要高于父母辈。但如果按照这种代际间的增长趋势，从最早古猿开始计算，经过 1400 万年的进化，人类身高岂不是要突破天际了？事实显然并非如此，人类身高的极限是两米多。

从遗传角度来说，所谓"回归"是指身高、智力、长相等具有遗传性的个体特征，不会一直向上增长（或向下衰落），而是会向着总体平均值趋近（回落或上升）。很多家长觉得孩子的智力不及自己当年——不要怀疑，相信你的判断！不是孩子笨，主要怪你太优秀，智商偏离了均值，现在你的后代要回落到平均水平了。

··被美化的记忆

在家长们"孩子智力不如我当年"的吐槽声中,我还想谈谈另一种情况,即这是很多家长自己的错觉。通常而言,个体为了提高自尊感,获得积极情绪体验,往往会美化自己的记忆。例如,儿时"有几次数学考了100分"会被记忆改写成"数学总是考100分","小学时成绩优秀"会被记忆美化成"从小到大都是学霸"。

发展心理学中有种现象被称为"积极效应"。为了获得即时的心理满足,人们会采用各种情绪调节策略来为自己补充正能量,这便是"积极效应"。积极效应通常会随着年龄的增长而增加,在老年人群体中表现最为明显。其中一种策略就是"重建记忆",具体表现为:回想过往,人们往往会从有利于自己的角度解释记忆中的过往事件,如"我当年顿顿能吃三碗肉""我当年功课门门考第一"等。

··孩子学习不好,到底是谁的问题?

这个问题很难回答。大多数人都会觉得自己很好,而缺点则都来自伴侣的基因。科学虽然不能帮助你推卸责任,但倒是能解释"推卸责任"这件事本身。为什么大多数夫妻都觉得孩子学习不好是遗传了另一半的基因呢?

这是因为每个人的行为背后,都有一个原始的利己(self-serving)动机在驱动。社会心理学用偏向(attribution bias)进行解释。在成败归因中,成功时个体倾向于内归因(把功劳都归因于自己);失败时个体很少用个人特征来解释,而倾向于外归因

（把责任推卸给别人）。因为成功内归因有利于自我价值的确定（我真是太厉害了），有助提升自尊；失败外归因则有利于减少自己在失败中的责任（与我无关），启动自我防御机制。

同时，我还有一个感受是，现在的教材和试题难度偏高，孩子过早地接受不符合其年龄发展的知识体系训练等因素，都是造成"孩子智力不如我当年"这一感受的重要原因。

综上所述，如果以后家长们再碰到孩子考试成绩不理想的情况，可以归结为"老天不公平"——孩子居然没遗传到自己的高智商；或者归结于试题——这么难的题还能不能让人愉快地学习了！总之，别为这些身外之事伤了自家人的和气。毕竟，没有什么事情比家人之间好好相处更重要了。

很多问题是父母自己想出来的

曾经有一对心急火燎的父母向我求助:"小孩都三年级了还不愿意和我们分房睡,是不是有什么心理问题啊?"

"孩子有其他反常行为吗?她的性格怎么样?与人交往的情况如何?最近家中有什么变故吗?她是一贯如此还是突然不肯分房睡了?"我一一核对孩子的日常情况。

"其他方面倒没有什么问题。我女儿性格挺好的,活泼可爱,朋友们也都很喜欢她。我们家庭环境也比较和睦,没有什么变故。她一直不肯独立睡,不是突然如此的。"

"如果孩子确实没有其他方面的异常表现,你们也没有选择性地透露信息,仅凭这个单一的现象,我很难断言孩子有什么心理问题。你们不介意的话,暂时不分房也没有关系。"

"我们倒也没啥介意的……但这不是一个正常的状态呀!她害怕一个人睡,胆子这么小,将来怎么独立走向社会?"

"谁还没点自己害怕的事情了?有的人就是胆小啊。克服恐惧的方式未必只有直面恐惧一条道路,逃避恐惧也是一种办法。"

"这件事我还在网络上发帖询问过,结果很多网友都说我们家孩子是'妈宝',又说什么'养不教父之过',我们这样依着她会害了孩子……"

"网络育儿专家靠的是键盘诊断,他们不需要了解孩子的全面情况,只需要通过生活中的一个小细节就能给出'定论'。"

"可是我看很多育儿书上也说,这样会影响孩子的独立性。"

"我们不能把一本书里的某句话或某段话单独拎出来对号入座。"

后来,经过再三询问,确认他们孩子没有其他"异常"情况之后,我和家长表示,如果只通过"害怕一个人睡"这个行为,我的确无法判断孩子存在什么"不正常"。大概是我没有给出他们想要的答案,那对父母匆匆结束了对话;再后来,我听朋友说他们带着孩子去看精神科医生了。听说这件事之后,我的第一反应是惊讶——如果的确如他们所说的,孩子没有其他反常表现,仅仅是不愿意分房睡,这也算个事儿吗?

我身边很多的亲戚朋友,包括自媒体平台的读者,都曾向我咨询过"孩子的心理问题"。令我深有感触的一点是:信息太多太繁杂之后,家长很容易成为贩卖焦虑的对象,一旦发现孩子的哪些行为和网上和书上说的不一样,就忍不住怀疑孩子"不正常"。确实,现在大家获取信息的渠道很多,杂音也就多了，有些信息发布者也许并非科班出身，也不具备专业的知识储备，他们只凭着对某些专业术语的一知半解，就敢断章取义地现学现卖。

在我收到的求助当中，经常能听到五花八门、骇人听闻的"专家术语"，这些名词术语种类之繁多，有时候令非专业人士很难辨别。例如，孩子好动一点，就是多动症；孩子注意力差一点，就要进行感统失调训练；孩子说话晚，被怀疑是孤独症；孩子有点护食，就是自我中心；孩子给小汽车排队是强迫行为；孩子看见陌生人害怕是缺乏社交能力；孩子依恋母乳是有恋母情结……

当然，我并不是要否认"自我中心""社交障碍""恋母情结"等概念，也不是肯定"孩子不愿意和父母分房睡"，更不是否定父母对孩子成长的殷切关心——家长对孩子心理健康的重视与关心当然比漠视与讳疾忌医好，但是过度关心甚至是过度治疗，可能又会走向另一个极端。我想强调的是，我们不能仅仅用一个专业术语或概念去定义一个人是否"正常"，也不能看到某个专业名词或概念时，便把它与孩子的某个行为对号入座进行解读。

为什么有人会觉得用心理学判断行为不准确——其实并非心理学不准确，而是我们不能教条地以点代面，更不能用具体的行为解读复杂的多面体。因为个体的行为是复杂系统的产物，它无法用"还原论"进行解释。

还原论的基本研究思路是将复杂的事物分解为各部分的组合进行理解，即将整体拆解为部分，再将部分组合成整体，类似于"1+1=2"。比如"孩子的成长出现了问题，要么是父母教养导致的，要么是朋辈压力引起的"，但是实际情况可能并非如此。人类的成长不是线性的，而是一个复杂系统；它无法用还原论进行分析，因为一旦被分解为部分，很多性质就消失了。它与"整体大于部分之和"是同一道理，我们可能无法用"线性归因"的方式，简单粗暴地解释成长的所有问题。因此，建议家长们不要教条地把自己所学的知识点，生搬硬套地一条条比照孩子的行为；我们应该要把孩子的行为和行为背后的原因，看作是系统性的工程进行理解。

前文中，我提到过鹿老师一位闺中好友。她这位朋友从小就喜欢和妈妈睡在一起，直到上中学才分房睡。但这影响她独立吗？影响她的人际交往吗？或者影响她成家立业吗？都没有。她不仅不娇气，而且叱咤职场、独当一面，在家里家外都是主事的人。孩子为什么不能有一点自己的小缺点、小毛病呢？我们家长自己也并非完人，为什么却认为孩子应该按照教科书的样子成长？为什么认定孩子如果没有按照教科书的样板成长，走向社会时就会出现问题？

其实哪怕孩子的某个行为和教科书描述的不一致，也不足为惧，家长更不必如临大敌。只要孩子整体而言社会功能是健全和健康的，即使在个别的细节上存在一些小毛病，也不必过度焦虑。因为家长一旦陷入焦虑的情绪，往往容易忽略一个既定的事实：孩子拥有自我成长的能力——虽然这个能力有早有晚，有快有慢，但它终将到来。

家长们也可以反思一下：你的焦虑究竟是来自孩子，来自孩子身上的某个问题，还是源于自己自动化的灾难性思维呢？

拒绝做"玻璃心"父母

曾经有位读者来信分享了自己的焦虑:

我家孩子刚上一年级,开学后连续发生了几件事情,令我很焦虑,也不知道是不是我玻璃心了。

首先是座位安排。我的女儿个头中等,却被老师安排到比较靠后的座位。我向老师反映后,老师说这是按照坐高进行安排的,不是按站立的身高排序的。话虽如此,但我特别替女儿感到委屈。为什么其他小孩可以坐到好座位,而我的孩子却不能?这才刚开学,我自问也没有得罪过老师。

然后是发新书。我发现女儿新书有破损便和老师反映,但老师说书本难免会有瑕疵,碰巧发到我女儿了,如果我介意可以调换,她的语气里透着一丝不耐烦。这个时候我开始怀疑她是不是针对我女儿了,哪里有那么多碰巧的事情?看到女儿拿着破损的新书,我心疼得不得了。

再后来是我女儿和前桌的同学打架,我找老师了解情况,老师说两个人都有错,我女儿也把男同学的胳膊打红了。她说已经批评教育过他们了,现在两个孩子已经和好了。但是男孩和女孩能一样吗?这样"各打五十大板"对我女儿是不公平的,我觉得要向男生家长当面讨个公道,但是我爸妈和我老公都反对,说我小题大做。为此,我和老公大吵一架,大哭了一场,觉得他根本不关心女儿。我甚至想给孩子转学,但发现转学也很麻烦,而且当我老公说"你能保证转学之后就不会遇到这些事情了吗?"时,我也无言以对。

张老师,真的是我小题大做吗?我现在不知道该怎么办,如果是您的孩子遇到这样的事情,您会怎么办?

同样身为家长,首先我想从家长的立场来谈谈个人的看法。
第一,关于排座位的问题。据我所知,以前大多数学校是按照站立身高安排座位的,但现在确实有很多学校,是根据孩子的"坐高"进行安排。正如这位家长说的,这才刚开学,她压根还没有机会得罪老师,所以我相信老师也没有"针对"孩子的动机。

家长为孩子感到委屈,觉得别的孩子坐到了"好位置",她的孩子却没有。可是什么样的位置算"好位置"呢?前排的吃粉笔灰，后排的离黑板远，靠窗的容易开小差，靠空调的容易着凉，靠垃圾桶的容易被熏着，靠过道的容易被人踩脚、撞翻书本和水杯……咱们成年人生活在世界上，也是差不多的道理，不会有一个"完美的位置"在那儿等着你，学会和不完美共处也是人生的必修课之一。如果孩子座位靠后这样的"委屈"都承受不了，那么以后在生活中无法承受的事情简直太多了……

原则性的问题绝不退让，但是非原则性的小事没有必要太焦虑，除了让自己难受，也没什么积极作用。

第二，关于破损的新书。家长完全有权利帮孩子与老师协商换书的事情，但是不要带有"老师针对孩子"的情绪去交涉。而且，我觉得家长可以选择信任孩子，相信她能够自己处理这些小问题或是小情绪。

我曾遇到过类似的事情，因此有一定发言权。我家孩子上幼儿园的时候，某一年元旦联欢会后，老师给每个小朋友都发了布偶小玩具，结果分到我儿子手里的刚好是断掉一只脚的小鸟。孩子发现后，问我："爸爸，为什么其他小朋友的小鸟都是两只脚，我的只有一只脚呢？"

看着孩子失望、疑惑又天真的小表情，我当时也有点心疼，就想去找老师换一个新的。但是老师正满头大汗地忙活着，我喊了两次都没听见，鹿老师就说："算了吧，老师也不是故意给的坏玩偶，搞个活动太忙了，没听见就算了。"

正当我为这件事感到些许遗憾的时候，孩子已经乐呵呵地玩上了，边玩边告诉我们："爸爸妈妈你们看，我的小鸟在玩单脚跳！它玩得超级开心！"鹿老师说："呀，原来你的小鸟是在跳舞呀，别的小鸟都在立正，只有你的小鸟在玩耍！"孩子听完开心得不得了，因为对小孩来说，与众不同、比别人都厉害，也是一件值得吹牛的事情。时至今日，孩子还是很喜欢这只小鸟玩偶。

孩子自我调节情绪和处理问题的能力，其实比我们想象中更强。他可能会处理事件本身（自己找老师换新的），也有可能会自己处理情绪（用积极的方式去看待"破损"）。

当我们替孩子感到委屈的时候，需要分清："真的是孩子委屈，还是家长自己委屈的劲儿过不去？"与此同时，家长的情绪也会影响孩子的认知。孩子的世界是家长塑造的，你告诉他"你得到了一只独一无二的跳舞小鸟"，他对这件事的认知就是开心乐观的；你告诉他"你们老师专门针对你"，他的心里就会埋下偏见的种子。

心理学上有一个概念叫"求证效应"，意思是你越相信什么，就越会把任何事情都往那方面靠拢，以验证自己的想法。当孩子相信"老师处处针对我"这个观点以后，就会越发关注那些负面信息，并将其解释为老师的刁难。当你和孩子带着这样的情绪和老师进行"交涉"，老师也会产生"求证效应"，越发觉得你们"难缠"，说不定真的就会越来越不喜欢孩子，这会使得你更加坚定地认为老师总在"针对"自己的孩子……你们彼此的相处便会陷入恶性循环。

第三，关于孩子打架的问题。我非常理解家长爱女心切的心情，如果是校园霸凌的话，我坚决支持零容忍、绝不退让。但是小孩子之间的矛盾、打闹，其实也并不一定都是霸凌。遇到类似的情况，家长怎么办？我相信大部分家长都遇到过孩子间打架的情况，孩子处于弱势方的家长总会尤其焦虑。其实，我的孩子在班上月龄是最小的，体形也比较瘦小，所以我也担心过这个问题，但我会根据具体情况进行区分：如果孩子间是普通打闹，我通常不干涉——小孩之间经常这样，开始打闹时哭得不可开交，要不了几分钟又原地和好，亲热得不分你我。如果是霸凌，我也会先暗中观察，看他自己能否处理——能处理的（反抗也好，逃跑也好，化敌为友也好），我也不插手。如果他不能处理，我再站出来干预，让他感受到来自父母的支持。

此外，根据我的一点观察：长期的校园霸凌，往往会发生在那种不太能引起老师注意、家长关注不够、自己也不敢反抗的孩子身上，比如成绩不好、性格内向、身材瘦小、个性软弱，老师印象不深，家长情感冷漠或由于工作太忙顾不上，或者家长自身性格也比较软弱等情况。这并不是说被霸凌的孩子有错，而是提示我们，家长对孩子的关心和支持以及教会孩子要进行反击是很重要的。

关于这位读者的孩子与同学发生冲突，我不知道两个孩子谁对谁错，不做评价，但通过她的文字描述，我可以看到孩子敢于出击（打红对方的胳膊），也有家长支持撑腰，因此我认为家长不必太过焦虑。

当然，我很认同家长对这件事的重视态度。在校园霸凌中，对孩子意义最重大的帮助，就是家长的保护。不仅上学期间如此，以后孩子长大成人了，父母在背后的支撑永远都会是她的底气。因此，我很理解这位家长对孩子的紧张感和保护欲，它们都是源自爱。但是家长也要保持觉察，避免被过度的焦虑影响了情绪，干扰了判断，因为有时候过度保护也不利于孩子的成长。

我建议这位家长不妨问问女儿的想法（注意不要有意无意地引导孩子说出你想要的答案"他欺负我了"），要客观地、不作评价、不作引导地询问女儿对此事的看法，看看她想怎么处理。也许她已经有了制"敌"策略呢？也许她还想继续和对方做朋友呢？也许她能从中总结出一些与同学相处的经验呢？

其实，孩子正是在外界给她的反馈中不断修正自身行为的，如果不论事情大小，家长都站出来替孩子挡掉外界的反馈，替孩子包揽一切，反而不利于孩子的成长。孩子去上学，学的不仅是课本上的知识，也要学习如何社会化，这样等到她真正进入成年人的社会时才不至于无所适从。

因此，建议这位家长不用急着去找老师"要说法"。首先，这样做不利于在孩子心中建立教师的权威感，而老师权威感的丧失非常不利于孩子规则感的建立（除非老师确实有原则性错误）；其次，这容易让孩子形成以自我为中心的"巨婴心态"，认为"老师就应该围绕着我一个人的需求服务"，不顾及集体与其他客观情况，这样也不利于她适应集体；最后，孩子容易养成依赖家长的习惯，遇到什么事情会习惯性向妈妈求助，而不主动想解决办法。

前文也提到过，埃里克森认为，每个人在不同的发展阶段，都有其独特的发展任务需要完成。例如，学龄前的孩子们需要处理的矛盾叫作"自主对自我怀疑"，这一阶段的发展任务是——既有主宰自己命运的自信，又有顾及他人感受的自知。如果某阶段的任务没有完成，人格发展就会陷入迟滞，那么这一阶段未完成的发展任务，有可能到成年之后仍然处理不好。

具体来说，如果家长过度保护，过于围着孩子转，那么孩子的自我认知可能会长期停留在"大家都该以我的需求为中心"的心理状态；若家长对孩子过分严厉，又可能伤害孩子的自主性，从而走向另一个极端，容易让孩子变得自卑和怯懦。

当然，我并不是说所有事都要"忍气吞声"，也不提倡对孩子的困境完全不理不睬，不提供任何帮助。对孩子来说，如果他遇到解决不了的问题，父母提供的支持与帮助是非常重要的。但是在一些小事上，家长不妨先暗中观察一下：如果我们不干预，孩子自己能否处理好这样的情况——无论是处理事件本身，还是处理情绪——或许你可能会发现，孩子可以自己处理一些委屈与危机，他们处理问题的能力往往会超出我们的想象。

我们想教出什么样的下一代

有人说:"世风日下,人心不古,现在的年轻人,整天捧着手机刷视频,都是垮掉的一代。"

··新生事物总是洪水猛兽

我还记得,周星驰的电影《大话西游》刚上映的时候,"无厘头"的演绎方式让很多人感到不解;周杰伦起初在中国风的流行歌曲中加入说唱元素时,周围也不乏批评的声音。当这些新事物出现之时,人们还不知道原来电影可以这样演,原来歌还能这么唱,而这些新奇的演绎方式居然能让年轻人如此着迷,所以大家认为:"这是垮掉的一代!"

后来,看周星驰电影的"70后"开始经世济民了,听周杰伦歌曲的"80后"开始著书立说了,玩短视频的"90后"开始保家卫国了,他们并没有如预想的那样"垮掉",太阳照常升起,地球照转。

其实,每当有颠覆已有认知,尤其是广受欢迎的新事物诞生时,总会有人发出质疑,将其视为洪水猛兽。30年前是武侠小说,20年前是港台明星,10年前是游戏,现在是手机和互联网短视频。

费斯汀格在认知失调理论中指出,当一个新事物新情况出现,且它不符合个体现有的认知时——例如《西游记》还能这么解读?","'哼哼哈兮'也能算歌词?",它往往会拉响个体的心理防御警报("这什么东西?我怎么从没见过?"),从而引发不适感和焦虑情绪。

为了缓解焦虑感,人们往往会采取以下几种常见策略:一是直接将新事物定义为负面的,"这肯定不是什么好东西,所以我才如此反感";二是向内归因,更新自己的认知,承认它存在的合理性——例如,"可能是我没见过世面吧","虽然我不喜欢,但其他人可能会喜欢吧"。不过,外归因始终要比内归因容易,毕竟把责任归结于自己是需要勇气和胸襟的。

··新事物本身是不分好坏的

与其阻止新事物的发展,不如学会利用它的优势。我刚工作的时候,论坛贴吧与网络媒体还属于"新生事物",当时有一位流浪者因为造型别出一格,被网友们称为"犀利哥",网友将他的照片发到天涯论坛上,引发了大量关注。有朋友问正在媒体工作的鹿老师:"这些网络新闻利用报道'犀利哥'博眼球,有什么意义吗?"鹿老师回答道:"博眼球才有关注量,有关注量才能让'犀利哥'的家人有机会看到他。家人找他十几年都没找到,现在在媒体和志愿者的帮助下,终于带他回家了,这就是意义。"我曾在流量较大的社交媒体平台上参与过寻找失智老人的活动,因此对鹿老师的这段话深深认同。

一个事物作为载体,它能发挥什么样的作用,主要取决于怎么被使用。比如鹿老师的某短视频账号接收到的推送内容,基本上都是育儿类(如简笔画、折纸等手工游戏)、生活类的(美食与宠物)或者社会新闻与心理学知识……都是一些积极向上的内容。

··沉迷或许只是问题的外在表现

我绝对不赞同毫无节制地玩手机,更反对在缺乏家长指导与有效监督下让未成年的孩子们接触他们无法分辨好坏的内容。不过,我坚持认为,家长在"孩子沉迷于手机"这件事上责任更重大。我一再强调,高质量的亲子陪伴和积极的引导互动对孩子健康人格的形成非常重要。

缺乏父母陪伴和教导的孩子,往往存在自卑敏感、性格孤僻、缺乏安全感、容易成瘾等问题。与其说他们沉迷于玩乐,倒不如说他们是想通过这种渠道来获得多巴胺,以弥补现实生活中缺失的愉悦感和满足感。很多时候,一个人沉迷于某件事情,只是一段恶劣亲子关系和不健康人格的外在表现,而非内在原因。

至于陪伴，并不是说父母待在孩子身旁，或者同处一个空间就是陪伴，这种低质量的陪伴被称为"仅共存"，对孩子的积极作用几乎为零。如果父母下班到家就把孩子交给电视、手机等电子产品，又怎么能指望孩子不会自己从手机上找乐子呢？

··没有意义，其实也是一种意义

有的人做事情喜欢看高度、讲意义，这完全没有问题；但是，假如你觉得没有意义或是你不喜欢的东西便是有害的，这就有问题了。这个世界上，并不是所有的事情都会拥有意义，没有意义其实也是一种重要的意义。比如有些人喜欢看一些"搞笑博主"的短视频，从某些意义上来说，观看之余往往只是一笑而过，并不能让人变得学富五车。但其实这些谈不上有明确意义的视频，对于维持积极的情绪体验也是有所助益的。有些时光是需要用来浪费的，释放压力之后，工作效率反而会更高。

所谓的劳逸结合，其实是由人的生理特点决定的。在压力面前，人的下丘脑-垂体-肾上腺轴和交感神经系统会被激活，分泌出大量激素（如皮质醇、肾上腺素和去甲肾上腺素等）以提高并维持我们的高水平表现。但如果交感神经系统一直处于兴奋的状态，我们的机体则会进入"衰竭阶段"，原本有益于提高我们表现的激素，可能转而伤害我们的神经与免疫系统，个体也更容易疲劳，变得虚弱，甚至有可能罹患疾病，或变得厌学怠工。由此可见，没有人能够做到一直工作学习而不休息的。

在闲暇时间，我愿意配合鹿老师拍一些无厘头的自娱自乐的视频，有时看她为了模仿某个角色努力尝试的样子（例如为了扮演白素贞往自己脑袋上贴奥利奥），我是打心眼里和她一起高兴——因为这说明她找到了自己调节压力的方式。

·· 我想怎样影响下一代

那么，再回到这个看似痛心疾首的问题："现在的年轻人整天捧着手机刷短视频，他们会不会成为垮掉的一代？"我特别敬佩一位知名的相声演员，他对相声传统文化做出的贡献我认为具有划时代的意义。曾经，大家似乎达成了一种共识，认为"相声是一种消亡剧种，年轻人不爱看了"。但在这位相声演员的推动下，年轻人去相声社团听太平歌词一度成为潮流。

同理，我们该如何影响下一代呢？我希望心理科学知识也能和相声一样变得好玩，变得流行，让大家不再有"搞科研的别上这儿来"的刻板印象。我希望"长大后我想当一名科学家"能够成为孩子们愿望清单中很酷的选项之一，而不再是作文里的唱高调和喊口号。